普通高等教育经管类专业"十二五"规划教材

ERP 沙盘模拟实训教程

王国志　主编

清华大学出版社
北　京

内 容 简 介

"ERP沙盘模拟"课程是把模拟企业作为课程主体,通过构建仿真企业环境,模拟真实企业的生产经营活动。本书作者根据多年参加比赛的经验以及多年教学经验,从实际出发,遵循由浅入深、循序渐进的原则,力求内容通俗易懂,便于操作。本书共分为四章,分别介绍了ERP的起源与发展过程、ERP在企业中的地位、用友畅捷通人机对战版沙盘的操作指导、手工沙盘的使用、以往比赛选手的心得体会和实战案例,最后介绍了BS版企业管理信息化实训沙盘经营规则及ERP沙盘经营手册。

本书既可以作为高等学校用友ERP沙盘模拟课程的实训教材,也可以作为普通高等院校本科和专科经济管理类专业的学习用书。

本书封面贴有清华大学出版社防伪标签,无标签者不得销售。
版权所有,侵权必究。侵权举报电话: 010-62782989 13701121933

图书在版编目(CIP)数据

ERP沙盘模拟实训教程/王国志　主编. —北京:清华大学出版社,2015(2020.1重印)
(普通高等教育经管类专业"十二五"规划教材)
ISBN 978-7-302-39762-5

Ⅰ.E… Ⅱ.王… Ⅲ.企业管理—计算机管理系统—高等学校—教材　Ⅳ.F270.7

中国版本图书馆CIP数据核字(2015)第077152号

责任编辑: 刘金喜　蔡　娟
装帧设计: 思创景点
责任校对: 曹　阳
责任印制: 宋　林

出版发行: 清华大学出版社
　　　　网　　址: http://www.tup.com.cn, http://www.wqbook.com
　　　　地　　址: 北京清华大学学研大厦A座　　　**邮　编:** 100084
　　　　社 总 机: 010-62770175　　　　　　　　　**邮　购:** 010-62786544
　　　　投稿与读者服务: 010-62776969, c-service@tup.tsinghua.edu.cn
　　　　质 量 反 馈: 010-62772015, zhiliang@tup.tsinghua.edu.cn
印 装 者: 北京鑫海金澳胶印有限公司
经　　销: 全国新华书店
开　　本: 185mm×260mm　　**印　张:** 8　　**字　数:** 184千字
版　　次: 2015年4月第1版　　**印　次:** 2020年1月第5次印刷
定　　价: 32.00元

产品编号: 060012-02

前言

"ERP 沙盘模拟"课程是把模拟企业作为课程主体,通过构建仿真企业环境,模拟真实企业的生产经营活动,把企业运营的关键环节——战略规划、资金筹集、市场营销、产品研发、生产组织、物资采购、设备投资与改造、会计核算与财务管理等部分设计为该实训课程的主体内容,把企业运营所处的内外部环境抽象为一系列的规则,由受训者组成若干个相互竞争的管理团队,扮演不同的角色,共同面对变化的市场竞争环境,参与到企业模拟运营的全过程之中。

本书是针对用友软件股份有限公司开发的"ERP 沙盘模拟"课程的配套用书。本书定位于初次接触该课程的学员,层次清晰,内容简明,方便实用。在写作过程中,我们借鉴和参阅了其他相关 ERP 沙盘模拟课程的教材,在此对文献的作者表示感谢。

本书第一章重点介绍了 ERP 的起源与发展过程,以及 ERP 在企业中的地位,学习 ERP 沙盘的意义。第二章重点介绍了用友畅捷通人机对战版沙盘的操作指导,这部分适合刚刚接触沙盘的学生来进行学习,其优点是不但没有人数限制而且还没有时间限制,可以让学生反复推演,以便能让初学者快速掌握沙盘的基本流程与技巧。第三章重点介绍了手工沙盘的使用,其主要目的是让学生对 ERP 沙盘的认识能有一个质的飞跃。第四章重点介绍了以往比赛选手的心得体会、经验和实战案例,使学生在学习 ERP 沙盘的同时,能够总结前人经验,以便对沙盘有一个更深层次的认识。

本书作者根据多年参加比赛的经验以及多年教学经验,从实际出发,遵循由浅入深、循序渐进的原则,力求内容通俗易懂,便于操作。本书既可以作为高等学校用友 ERP 沙盘模拟课程的实训教材,也可以作为普通高等院校本科和专科经济管理类专业的学习用书。

由于写作时间和作者水平有限,疏漏及错误之处在所难免,望读者批评指正。

作　者
2014 年 11 月

目 录

第一章　ERP 沙盘模拟简介 1
 一、ERP 沙盘含义及其起源 1
 二、ERP 沙盘模拟意义 1
 三、ERP 沙盘模拟课程内容 3

第二章　ERP 沙盘入门之人机对战 5
 一、人机对战界面概述 5
 二、企业基本情况 7
 三、经营流程与规则(规则见附录2) 8
  (一) 年初工作任务 9
  (二) 四季工作业务 13
  (三) 年末工作业务 21
  (四) 五个特殊业务 23
  (五) 附加功能 24
  (六) 账务处理及报表生成 29

第三章　ERP 进阶之手工沙盘 33
 一、建立模拟企业 33
  (一) 组建高效的团队 33
  (二) 职能定位 34
  (三) 公司成立及 CEO 就职演讲 35
 二、年初工作 35
  (一) 新年度规划会议 36
  (二) 参加订货会、支付广告费、登记销售订单 39
  (三) 制订新年度计划 39
  (四) 支付应付税 43
 三、沙盘模拟日常运营 44
  (一) 季初盘点 45
  (二) 更新短期贷款/还本付息/申请短期贷款(高利贷) 45
  (三) 更新应付款/归还应付款 46

(四) 原材料入库/更新原料订单···············46
　　(五) 下原料订单·····························47
　　(六) 更新生产/完工入库·····················47
　　(七) 投资新生产线/变卖生产线/生产线转产·····48
　　(八) 向其他企业购买原材料/出售原材料·········49
　　(九) 开始下一批生产·························50
　　(十) 更新应收款/应收款收现···················50
　　(十一) 出售厂房·····························51
　　(十二) 向其他企业购买成品/出售成品···········51
　　(十三) 按订单交货···························52
　　(十四) 产品研发投资·························53
　　(十五) 支付行政管理费·······················53
　　(十六) 其他现金收支情况登记·················54
　　(十七) 季末盘点·····························54
　四、沙盘企业年末工作·······························54
　　(一) 支付利息/更新长期贷款/申请长期贷款·····54
　　(二) 支付设备维护费·························55
　　(三) 支付租金/购买厂房·····················56
　　(四) 计提折旧·······························56
　　(五) 新市场开拓/ISO 资格认证投资·············56
　　(六) 编制报表·······························57
　　(七) 结账···································61
　　(八) 反思与总结·····························61
第四章　比赛经验与技巧·································63
　一、沙盘技巧·······································63
　　(一) 市场角度·······························63
　　(二) 产品角度·······························63
　　(三) 广告角度·······························64
　　(四) 战略角度·······························64
　　(五) 资金角度·······························65
　　(六) 生产线角度·····························65
　二、沙盘战略(一)···································66
　　(一) 产能领先制胜···························66
　　(二) 保权益胜出法···························66
　　(三) 先入为主的广告策略·····················67

三、沙盘战略(二) ·· 67
(一) 以销定产再以产定销 ··· 67
(二) 能否搜集到必要且准确的市场信息是企业战略制定和执行的关键 ······ 68
(三) 做好团队管理是管理团队成功的基础 ·· 68

四、沙盘战略(三) ·· 69
(一) 在犯错中学习 ·· 69
(二) 构建战略思维 ·· 69
(三) 受用于群体决策 ··· 70
(四) 总结 ··· 70

五、沙盘模拟实验心得：败有所学 ··· 72
(一) 从整个战略看我们组 ·· 72
(二) 从个人的角色看我们组 ··· 72
(三) 在实验过程中的一点小的看法 ··· 73

六、沙盘模拟感想 ·· 73
(一) 从整个战略看 A 组 ·· 73
(二) 作为 CFO 的自我反省 ·· 74
(三) 从团队协作看 A 组 ·· 74
(四) 从整个市场环境看企业成长 ·· 75

七、市场总监报告 ·· 75
(一) 市场策略的制定 ··· 75
(二) 市场策略的实施与经验教训 ·· 76

八、市场总监广告投入小技巧 ·· 78
(一) 市场老大 ··· 78
(二) 非市场老大 ·· 78
(三) 新市场 ·· 78
(四) 认证广告 ··· 79
(五) 技巧 ··· 79

附录 1 BS 版企业管理信息化实训沙盘经营规则 ··································· 81
一、角色分工 ·· 81
二、运行方式及监督 ·· 81
三、企业运营流程 ·· 81
四、运行记录及违规扣分 ··· 86

附录 2 ERP 沙盘经营实训手册 ··· 89

参考文献 ·· 119

第一章 ERP沙盘模拟简介

这是企业管理者经营理念的"试验田",是管理者变革模式的"检验场",即便失败,也不会给企业和个人带来任何伤害!

这是一场商业实战,"六年"的辛苦经营将把每个团队经营潜力发挥得淋漓尽致,在这里可以看到激烈的市场竞争、部门间的密切协作、掌握新的经营理念并迅速应用,以及团队的高度团结。

在模拟训练过程中,胜利者自会有诸多经验与感叹,而失败者则更会在遗憾中体悟和总结。

一、ERP沙盘含义及其起源

提到沙盘,人们自然会联想到战争年代军事作战指挥沙盘或是房地产开发商销售楼盘用的房地产沙盘。它们均清晰地模拟了真实的地貌,同时又省略了某些细节,让指挥员或者顾客对形式有个全局的了解。

管理大师德鲁克说:"管理是一种实践,其本质不在于'知'而在于'行';其验证不在于逻辑,而在于成果,其唯一权威就是成就"。可见管理教学实践的重要性,但是多年来一直缺乏有效的手段。

ERP沙盘将企业合理简化,但同时反映了经营本质,让学员在这个模型上进行实际演练,为管理实践教学提供了良好的手段。

自从1978年被瑞典皇家工学院的KlasMellan开发之后,ERP沙盘模拟演练迅速风靡全球。现在国际上许多知名的商学院(如哈佛商学院、瑞典皇家工学院等)和一些管理咨询机构都在用ERP沙盘模拟演练,对职业经理人、MBA、经济管理类学生进行培训,以期提高他们在实际经营环境中决策和运作的能力。诸多高校也相继引进了ERP沙盘模拟教学。

二、ERP沙盘模拟意义

在此借用华北电力大学刘树良老师的知识立方体图(见图1-1)说明ERP沙盘模拟的意义。

通过知识宽度、实践性和管理层次三个维度，将人才分成两大类、八种，介绍如下。

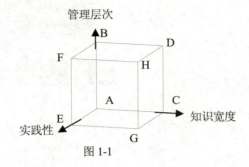

图 1-1

言传性知识为主：

A：专——理——低　低层次专家

B：专——理——高　学术专家

C：宽——理——低　底层次杂家

D：宽——理——高　学术权威

意会性知识为主：

E：专——实——低　低层次职能人员

F：专——实——高　高层次职能经理

G：宽——实——低　小企业经理

H：宽——实——高　高层次经营管理者

  企业管理者需要两类知识：言传性知识——可以通过语言或文字来传递的知识；意会性知识——只能通过实践来领悟的知识。传统管理教学手段显然只能提供言传性知识，然而社会需要管理者掌握综合知识，特别是意会性知识。ERP沙盘模拟培训定位正是为学员提供意会性知识。

  ERP沙盘模拟是一种体验式教学，融角色扮演、案例分析和专家诊断于一体。让学生站在最高领导的位置来分析和处理企业面对的战略制定、组织生产、整体营销和财务结算等一系列问题，亲身体验企业经营过程中的"酸""甜""苦""辣"，其目的是通过这种教学手段使学生领悟企业高层管理者所应掌握的"意会性知识"。管理教学中较为常用的案例教学主要是通过各抒己见来相互学习、借鉴，通过一个个静态案例的多种分析与决策方案的比较来获得知识。而 ERP 沙盘模拟是通过亲身体验来学习的，通过对一系列动态案例连续不断的分析与决策过程来获得知识，有决策结果的反馈。两种学习方法的效果优劣是不言而喻的。

  ERP沙盘模拟是一种综合训练。学生可以将所学的各种知识应用到经营过程中，从而获得综合能力的提高。ERP沙盘模拟涉及战略管理、市场营销、生产管理、物流管理及财务会计，传统教学体系中是没有类似的课程的。

  ERP沙盘模拟也可以作为一种选拔人才的手段。企业在选拔经营管理人才时，可通过观察应征者在参与模拟活动中的表现来确定合适的人选。中央电视台"赢在中国"节目正是应用沙盘模拟手段来选拔创业人才的。

三、ERP 沙盘模拟课程内容

1. 深刻体会 ERP 核心理念

- 感受管理信息对称状况下的企业运作；
- 体验统一信息平台下的企业运作管理；
- 学习依靠客观数字评测与决策的意识与技能；
- 感悟准确及时集成的信息对于科学决策的重要作用；
- 训练信息化时代的基本管理技能。

2. 全面阐述一个制造企业的概貌

- 制造型企业经营所涉及的因素；
- 企业物流运作的规则；
- 企业财务管理、资金流控制运作的规则；
- 企业面临的市场、竞争对手、未来发展趋势分析；
- 企业的组织结构和岗位职责等。

3. 了解企业经营的本质

- 资本、资产、损益的流程、企业资产与负债和权益的结构；
- 企业经营的本质——利润和成本的关系、增加企业利润的关键因素；
- 影响企业利润的因素——成本控制需要考虑的因素；
- 影响企业利润的因素——扩大销售需要考虑的因素；
- 脑力激荡——如何增加企业的利润。

4. 确定市场战略和产品、市场的定位、产品需求的数量趋势分析

- 产品销售价位、销售毛利分析；
- 市场开拓与品牌建设对企业经营的影响；
- 市场投入的效益分析；
- 产品盈亏平衡点预测；
- 脑力激荡——如何才能拿到大的市场份额。

5. 掌握生产管理与成本控制

- 采购订单的控制——以销定产、以产定购的管理思想；
- 库存控制——ROA 与减少库存的关系；
- JIT——准时生产的管理思想；
- 生产成本控制——生产线改造和建设的意义；
- 产销排程管理——根据销售订单拟订生产计划与采购计划；

- 脑力激荡——如何合理安排采购和生产。

6. 全面计划预算管理

- 企业如何计划预算管理；
- 企业如何制订财务预算——现金流控制策略；
- 如何制订销售计划和市场投入；
- 如何根据市场分析和销售计划，制订安排生产计划和采购计划；
- 如何进行高效益的融资管理；
- 脑力激荡——如何理解"预则立，不预则废"的管理思想。

7. 科学统筹人力资源管理

- 如何安排各个岗位的职能；
- 如何对各个岗位进行业绩衡量及评估；
- 理解"岗位胜任符合度"的度量思想；
- 脑力激荡——如何更有效地监控各个岗位的绩效。

8. 获得学习点评

- 学员实际训练数据分析；
- 综合理解局部管理与整体效益的关系；
- 优胜企业与失败企业的关键差异。

9. 企业管理沙盘模拟经营学习步骤

企业管理沙盘模拟经营学习步骤如图 1-2 所示。

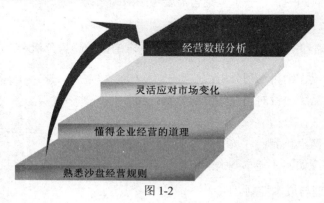

图 1-2

第二章
ERP沙盘入门之人机对战

ERP 沙盘进阶之网络对抗

人机对战主要针对没有接触过沙盘或者沙盘知识比较薄弱的学员开展。五个角色(总经理，财务总监，营销总监，生产总监，采购总监)操作随意简单，且不受教师端控制，时间自由，可随时清空以前年度数据或本年度数据，可以反复操作。目的是使这一类学员能够快速掌握 ERP 沙盘规则以及应用技巧，提升对 ERP 沙盘的感性认识。

一、人机对战界面概述

畅捷通企业管理信息化实训沙盘系统人机对战的登录界面如图 2-1 所示。

登录界面

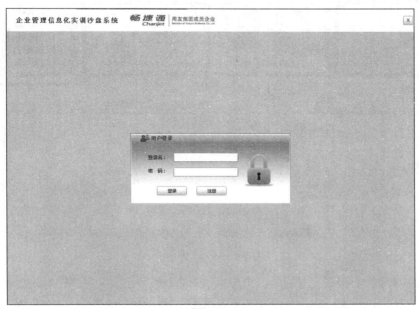

图 2-1

提示：

学员以邮箱注册用户，并且以邮箱名登录系统。

系统初始化界面如图2-2所示。

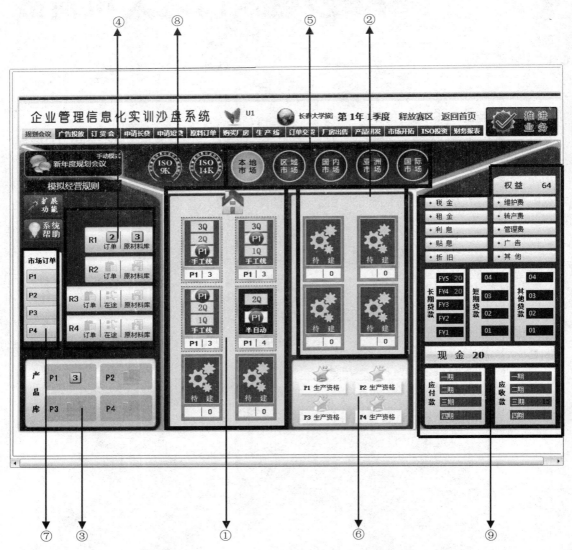

① 大厂房 ② 小厂房 ③ 产成品库 ④ 原材料库 ⑤ 市场认证
⑥ 生产资质认证 ⑦ 市场部 ⑧ ISO资格认证 ⑨ 财务中心

图2-2

该企业由4个中心组成，分别是营销与规划中心、财务中心、生产中心、物流中心。目前企业拥有自主厂房——大厂房，其中安装了3条手工线1条半自动线，均生产P1产品，原材料库有R1原材料2个，在途原材料3个，产成品库有P1产品3个。该企业现拥有P1生产资格,本地市场准入证。初始现金为20M,长期贷款为40M,其中五年期20M,四年期20M 初始年所有者权益为64M。经营规则见附录1。

企业管理层墨守成规,导致企业缺乏活力,股东大会从长远发展考虑,决定将企业交由一批新人去发展,希望新管理层能够把握机遇,投资新产品,开发新市场,扩大规模,采用现代化生产手段,带领企业实现腾飞。

二、企业基本情况

新领导班子接手时,需要对企业的财务状况有一个完整的了解,考察企业的综合费用表、利润表及资产负债表,如表2-1~表2-3所示。

表2-1 综合费用表

项目名称	金额/M
管理费	4
广告费	3
维修费	4
租金	
转产费	
市场准入开拓	
ISO 资格认证	
产品研发	
其他	
合计	11

表2-2 利润表

项目名称	金额/M
销售收入	35
直接成本	12
毛利	23
综合费用	11
折旧前利润	12
折旧	4
支付利息前利润	8
财务支出(-)/收入(+)	4
其他收入(+)/支出(-)	0
税前利润	4
所得税	0
净利润	4

表 2-3　资产负债表

资产	金额/M	负债和所有者权益	金额/M
流动资产：		负债：	
现金	20	长期借款	40
应收款	15	短期借款	
在制品	8	应付账款	
成品	6	应交税费	
原料	3	一年到期长债	
流动资产合计	52	负债合计	40
固定资产：		所有者权益：	
土地和建筑	40	股东资本	50
机器与设备	13	利润留存	11
在建工程		年度净利	4
固定资产合计	53	所有者权益合计	65
资产合计	105	负债和所有者权益	105

综合费用表用于记录企业在一个会计年度中发生的各项费用。

利润表表示企业在一定期间的经营成果，表现为企业在该期间所取得的利润，它是企业经济效益的综合体现，又称为损益表或收益表。

资产负债表是企业对外提供的主要财务报表。它是根据资产、负债和所有者权益之间的相互关系，即"资产=负债+所有者权益"的恒等关系，按照一定的分类标准和一定的次序，把企业特定日期的资产、负债和所有者权益三项会计要素所属项目予以适当排列，并对日常会计工作中形成的会计数据进行加工整理后编制而成的，其主要目的是反映企业在某一特定日期的财务状况。通过资产负债表，可以了解企业所掌握的经济资源及其分布情况；了解企业的资本结构；分析、评价、预测企业的短期偿债能力和长期偿债能力；正确评估企业的经营业绩。

三、经营流程与规则(规则见附录 2)

ERP 沙盘经营一共有 6 年，每年又分为四个季度，其经营过程可以分为年初、四季、年末三个部分。其中年初任务有年度规划，广告投放，参加订货会，申请长期贷款并支付长贷利息。四个季度的任务有短期借款还本付息，申请短期借款，采购原材料，产品生产，按订单交货，产品和市场开发。年末的任务有支付设备维修费，计提固定资产折旧，结账编制三表(综合费用表，利润表，资产负债表)。

另外还有 5 个特殊工作：紧急采购、出售库存、贴现、厂房贴现和紧急贷款。这 5 个特殊工作紧急时采用，可以随时进行。

(一) 年初工作任务

1. 新年度规划会议

新的一年开始之际，企业管理团队要研究市场预测，制定(调整)企业战略，做出经营计划、设备投资规划、营销策划方案等。具体来讲，需要进行销售预算、可承诺量的计算及资金预算。

常言道："预则立，不预则废"。预算是企业经营决策和长期投资决策目标的一种数量表现，即通过有关的数据将企业全部经济活动的各项目标具体、系统地反映出来。销售预算是编制预算的关键和起点，主要是对本年度要达成的销售目标的预测，销售预算的内容是销售数量、价格和销售收入等。

参加订货会之前，需要计算企业的可接单量。企业可接单量主要取决于现库存量和生产能力，因此产能计算的准确性直接影响到销售交付。还需要做出资金预算，判定是否有足够的资金支持本年的运行，完成经营目标。

每进行一步操作都要单击界面右上角的"推进业务"按钮，如图 2-3 所示。

图 2-3

在打开的"推进业务"界面中，单击"确定"按钮，如图 2-4 所示。

图 2-4

2. 投放广告及参加订货会选订单

ERP 沙盘模拟共有 5 个市场(本地市场、区域市场、国内市场、亚洲市场、国际市场)和 4 个产品。各企业需要填写当年的广告登记表，对每一个市场每一个产品要单独投放广告，如果该市场尚未开发出来，则不允许投放广告。

提示：

产品资格未开发完成可以投放广告。

若希望获得由 ISO 要求的订单,需有相应的 ISO 认证资格,ISO 认证资格在每年的年末进行。

单击"广告"按钮,弹出广告投放窗口,如图 2-5 所示。

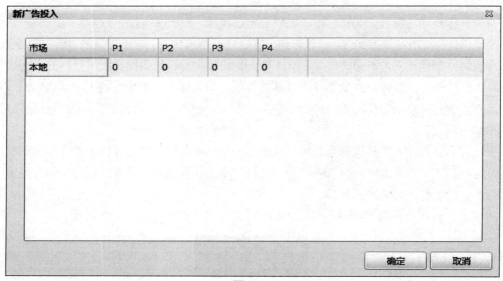

图 2-5

在 P1、P2、P3、P4 产品中填入所投方的广告费用,单击"确定"按钮,再单击"业务推进"按钮,参加产品订货会。

在一个市场中,每一个产品,每投放 1M 广告费将获得一次选单机会,以后每多投 2M 增加一次选单机会。例如,投入 7M 表示最多有 4 次机会,但是能否有 4 次拿单机会取决于市场需求,竞争态势;投入 2M 只能拿一张订单,只是比投入 1M 的优先拿到订单。

提示:

某个产品有多次选单机会,只要放弃一次,则视同放弃该产品该市场的所有选单机会,不影响下一个其他产品选单以及本产品在其他市场选单。

选单顺序规则如下:

(1) 上年本市场销售排名第一的企业,如在该市场没有违约记录,称为市场老大,则在本年该市场投入广告的产品中(指所有产品)优先选单(若有几队并列销售第一,按上年本市场广告额最高者选单);

(2) 按照企业在某回合投放广告费的多少,排定选单顺序;

(3) 如果在一个回合中投入的广告费相同,按照投入本市场的广告费总和最高者排定选单顺序;

(4) 如果本年市场的广告总额也一样,按照上年本企业在该市场上实现的销售额排名排定选单顺序;

(5) 如果上年实现的销售额也相同,则按广告费投入时间长短确定。
选单顺序如图 2-6 所示。

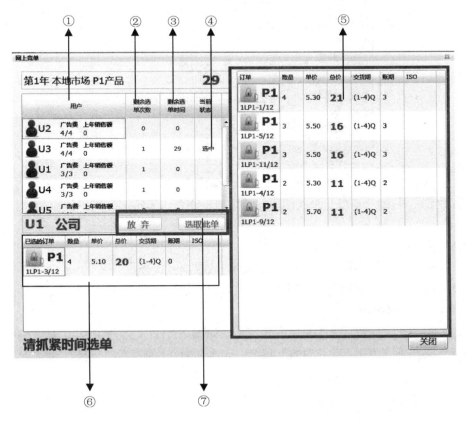

图 2-6

① 以本地 P1 产品为例,参与选单的用户为 U1、U2、U3、U4、U5、U6,其中 U1 为学员,U2、U3、U4、U5、U6 为电脑随机生成的参赛者。

② 选单次数。

③ 剩余选单时间。每个参赛选手有 30 秒选单时间,若在规定时间内没有选择订单则视为放弃该产品在本市场所有选单次数。

④ 当前选单的用户。以上图为例当前为 U3 选单时间。

⑤ 市场订单。

⑥ U1 公司已选取的订单。

⑦ 选择"订单"按钮,选择订单时必须先选取右侧⑥中的市场订单然后再单击"选取此单"按钮,若不选单则单击"放弃"按钮。

订单的 5 个要素以图 2-7 为例。

订单	数量	单价	总价	交货期	账期	ISO
P1 1LP1-1/12	4	5.30	21	(1-4)Q	3	
P1 1LP1-5/12	3	5.50	16	(1-4)Q	3	
P1 1LP1-11/12	3	5.50	16	(1-4)Q	3	
P1 1LP1-4/12	2	5.30	11	(1-4)Q	2	
P1 1LP1-9/12	2	5.70	11	(1-4)Q	2	

图 2-7

(1) 数量——要求各企业一次性按照规定数量交货，不得多交，不得少交，也不得拆分交货；

(2) 单价——单个产品的售价；

(3) 总价——交货期后企业将获得一定的应收账款或现金；

(4) 交货期——若是加急订单则必须在当年第一季交货，否则可以在当年任意一季交货，但必须当年交货，不得拖到第二年；

(5) 账期——在交货后若干季度收到现金。如账期为 2Q，实际在第三季度完成交货，则将在下一年第一季度更新应收款时收到现金；若账期为 0，则交货时直接收到现金。

提示：

收现时间从实际交货季度算起。

(6) ISO 要求——分别有 ISO 9000 及 ISO 14000 两种认证，企业必须具备相应认证方可获得有认证要求的订单。

企业应根据自己的产能、设备投资计划选取订单，避免接单不足导致设备闲置或盲目接单，无法按时交货。选单完毕，及时填写订单登记表。

3. 支付企业所得税

当企业净利润减去上一年度净利的值再减去 65(初始资金)为正数时，正数部分需缴纳所得税，税率为 25%。

提示：

当年缴的是上一年产生的所得税。

4. 长贷利息——系统自动扣除

累计长贷之和×长贷利率=应支付的长贷利息。

5. 更新长期贷款/长期贷款还款

系统会自动扣除要到期的长期贷款并从现金中扣除，如现金短缺则不能向前推进。

6. 申请长期贷款

如有授信额度，可以申请长期贷款，长期贷款必须为 10 的倍数，可申请的额度为：上一年所有者权益×贷款倍数-已有长短期贷款之和(贷款倍数为 3)。

在"长期贷款业务"窗口中，在"类型"下拉列表框中选择"长期贷款"选项，弹出"长期贷款"表格，如图 2-8 所示。

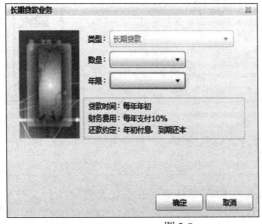

图 2-8

填写要贷款的金额和年限，最长年限为 5 年，最短年限为 2 年。如不需要贷款可直接单击"推进业务"按钮。

提示：
如果不需要长期贷款可直接单击"业务推动"按钮，直接进入下一项流程。

申请长期借款的最高额度为上一年所有者权益×3-已有长短贷之和。长期贷款申请数量必须是 10 的倍数。

(二) 四季工作业务

1. 季初盘点

季初盘点是盘点支出与记录是否相符。

2. 更新短期贷款/短期借款还本付息

系统会自动扣除要到期的短期贷款并从现金中扣除，如现金短缺则不能向前推进。

3. 申请短期贷款

在"短期贷款业务"窗口中,在"类型"下拉列表框中选择"短期贷款"选项,弹出"短期贷款"表格,如图2-9所示。

图2-9

填写要贷款的金额。如不需要贷款可直接单击"推进业务"按钮。

提示:

申请短期借款的最高额度为上一年所有者权益×3-已有长短贷之和。短期贷款申请数量必须是20的倍数。

4. 原材料入库/更新原料订单

系统自动扣除相关费用,原因是供应商发出的订货已经运抵企业时,企业必须无条件接受货物并支付购货款。

5. 下原料订单

单击如图2-10所示的"原材料库"窗口,弹出"原材料订单业务"窗口,根据年初制订的采购计划,填写决定采购原料的品种及数量,如不需要购买或下原料订单可直接单击"推进业务"按钮,如图2-11所示。

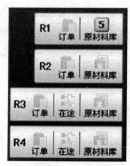

图2-10

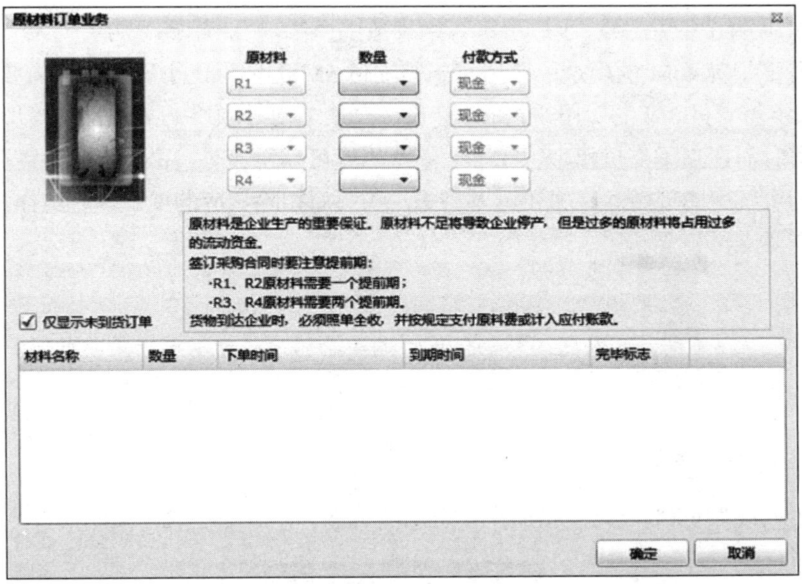

图 2-11

提示:

系统有 4 种原材料,分别是 R1、R2、R3、R4,其中 R1、R2 需提前一个季度下原料订单,R3、R4 需提前两个季度下原料订单。

6. 购买/租用厂房

单击"厂房"窗口,如图 2-12 所示,弹出"厂房业务:购买"窗口,选择厂房种类和业务方式,总投资额不用选择,系统自动生成。如不需要购买或租用厂房可直接单击"推进业务"按钮,如图 2-13 所示。

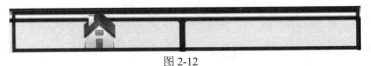

图 2-12

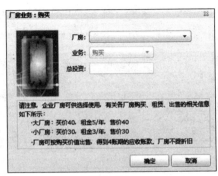

图 2-13

大厂房可容纳 6 条生产线，小厂房可容纳 4 条生产线，企业最多可购买一大一小两个厂房，大厂房购买需要花费 40M 的现金，租用每年需支付 5M 的费用，小厂房购买需要花费 30M 的现金，租用每年需支付 3M 的费用。企业在建设生产线之前必须以购买或租赁等形式获得厂房，选择租用厂房时需在当季支付租金，在下一年本季度可以租转买，租转买后不需要支付租金而是需要支付购买厂房的现金。厂房还可以购买，购买后扣除相应的现金，厂房作为自己的固定资产使用不需要支付租金。

提示：

生产线不可以在不同的厂房之间移动位置。购买后的厂房可以用于紧急贴现，变为 40M 四个账期的应收账款。

7. 更新生产/完工入库

单击"生产线"窗口，弹出如图 2-14 所示的页面。

图 2-14

依次单击各个生产线进入"生产线编辑"窗口，然后鼠标单击一下生产线，再单击"√"按钮，如图 2-15 所示。

图 2-15

提示：
如果有生产线没有更新，则不能进行推进业务。

生产完工的产品会直接进入"成品库"，生产线会有两种选择：① 继续生产产品；② 停工待产，如图 2-16 所示。

图 2-16

8. 新建/在建/转产/变卖生产线

(1) 变卖生产线

单击停工待产的生产线，其有两种选择：① 继续生产；② 变卖，如图 2-17 所示。

图 2-17

提示：
变卖的生产线净值放入现金，其余部分计入损失。
当年减少的固定资产，当年计提折旧。
在建及在产的生产线不可以变卖，转产中的生产线可以变卖。

(2) 新建生产线

单击"待建"按钮，进入"生产线编辑"窗口，选择需要投资的生产线，单击"√"按钮，如图 2-18 所示。

图 2-18

(3) 在建生产线

生产线在购买之后，需要进行二期(含二期)以上投资的均未在建生产线，以全自动生产线为例。

操作时间	投资金额
1Q	5M
2Q	5M
3Q	5M
4Q	投产

投资生产线的支付不一定需要连续,可以在投资过程中中断投资,也可以在中断投资之后的任何季度继续投资,但必须按照上表的投资原则进行操作。

提示:

一条生产线到最后一期投资到位后,必须到下一季度才算安装完成,允许投入使用的手工生产线不需要时间,随买随用。

(4) 生产线转产

生产线转产是指生产线转生产其他产品,不同生产线类型转产所需要调整的时间和资金投入是不同的,可以参阅附录1规则。以自动线为例,转产需要一个周期,共2M转产费,在第一季度开始转产,投资2M转产费,第二季度完成转产,可以生产新的产品。

9. 开始下一批生产

单击停工待产的生产线,其有两种选择:① 继续生产;② 变卖,如图2-19所示。

图2-19

选择"① 继续生产",单击"√"按钮。

提示:

- 开始下一批生产有三个前提条件:① 原料,② 加工费,③ 生产资格。
- 任何一条生产线在产品只能有一个。

10. 更新应收款/应收款收现

系统自动更新,并将到期的应收账款计入现金。

11. 按订单交货

单击"市场部"进入"订单交货业务"窗口,选择"订单交货",弹出如图2-20所示的页面。

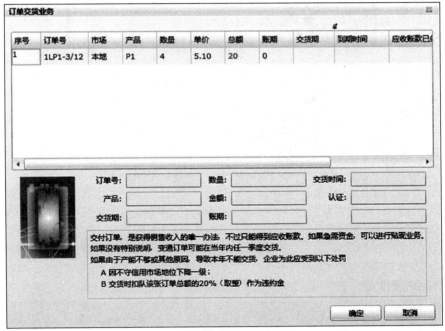

图 2-20

提示：
- 必须按订单整单交货。
- 加急订单必须第一季交货，其余订单必须在当年交货，违约则收回当年订单。
- 交货前检查成品库中的成品数量是否满足客户订单要求，满足则按照客户订单交付，否则交付一定数量的违约金。

12. 厂房出售(买转租)/退租/租转买

如果企业已租或已购买了厂房，可以进行如下操作：

(1) 如果已购买的厂房中没有安装生产线，可以卖出，增加 4 个账期的应收账款。

(2) 如果已购买的厂房中有生产线，卖出后增加 4 个账期应收款，并自动转为租用，从现金中扣除一年租金。

(3) 如果租用的厂房已满一年(如第一年第二季度租，则第二年第二季度称为满年)，可进行如下操作。

① 不论是否有生产线，均可支付现金，转为购买。
② 如果没有生产线可以选择退租。
③ 对已租的厂房继续租用时，可在当季结束时交下一年租金。

单击如图 2-21 所示的"厂房"，进入"厂房业务：出售"窗口，选择相应的业务，如图 2-22 所示。

图 2-21

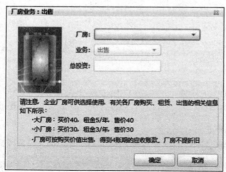

图 2-22

13. 产品研发投资

按照年初制定的研发计划，进行研发投资。单击"生产资格认证中心"，如图 2-23 所示。

图 2-23

进入"产品研发"窗口，在需要研发的产品前面打上√，单击"确定"按钮，如图 2-24 所示。

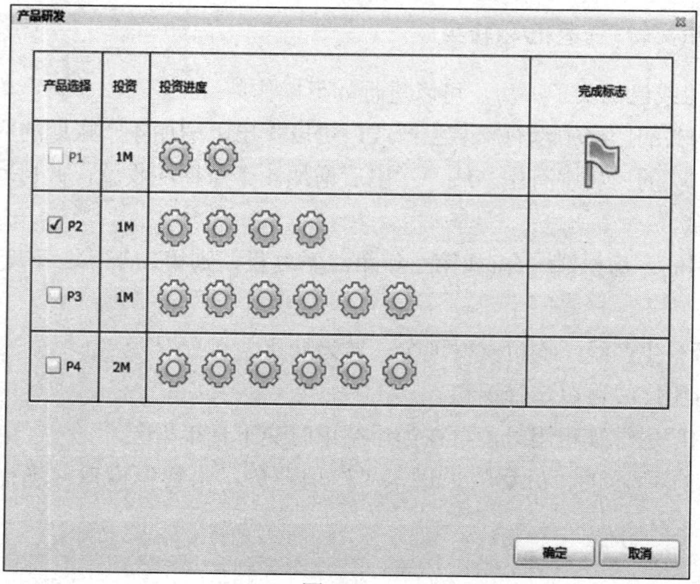

图 2-24

提示：

彩色图标为已经研发完的产品。

(三) 年末工作业务

1. 新市场开拓/ISO 资格投资

单击"市场认证中心"，如图 2-25 所示。

图 2-25

进入"市场开发"窗口，在需要开发的市场前面打√，单击"确定"按钮，选择完成页面如图 2-26 所示。

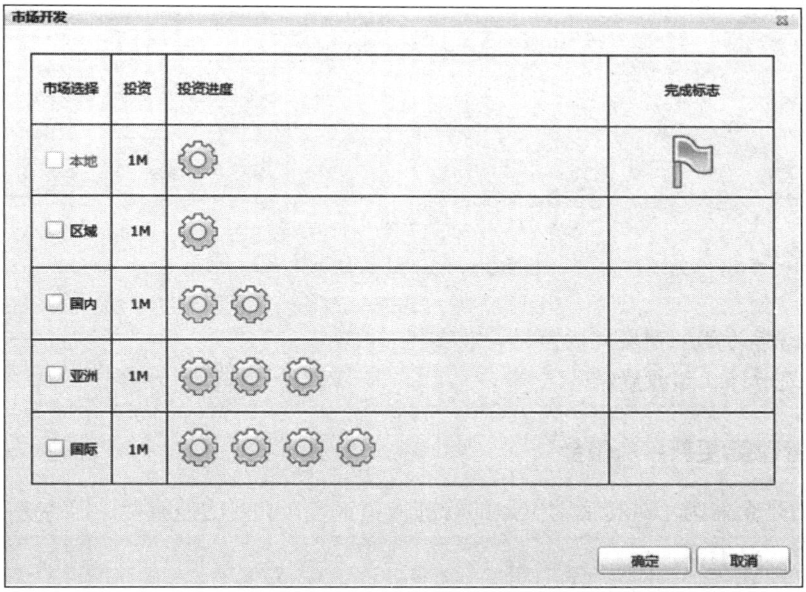

图 2-26

提示：
- 彩色图标为已经研发完的市场。
- 可以随时终止该投资。

单击如图 2-27 所示的"ISO 认证中心"图标，进入"ISO 业务开发"窗口，在需要开发的 ISO 前面打√，单击"确定"按钮，页面如图 2-28 所示。

图 2-27

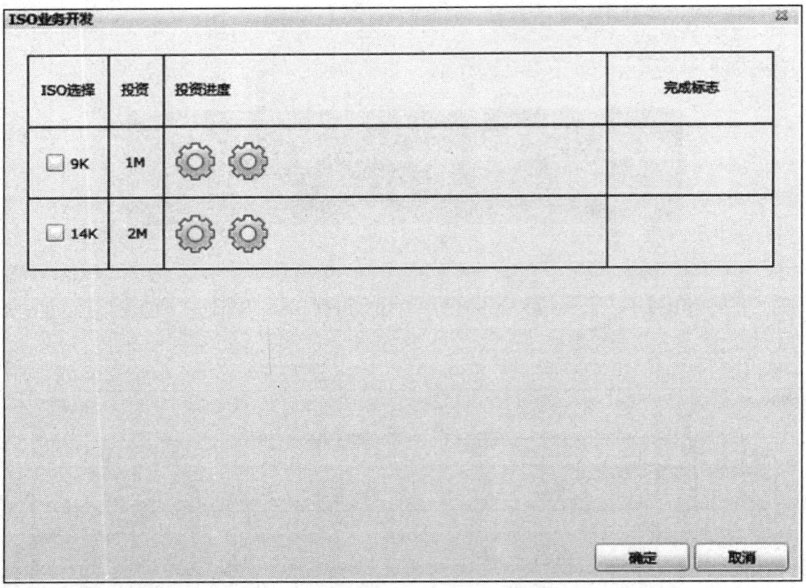

图 2-28

提示：
- 彩色图标为已经研发完的市场。
- 可以随时终止该投资。

2. 支付管理费/更新厂房租金

管理费用是企业为了维持运营发放的管理人员工资、必要的差旅费、招待费等。每一个季度为 1M，系统自动扣除。

3. 缴纳违约订单罚款

按订单销售额一定比例缴纳罚款，直接从现金中扣除，计入当年"其他"费用项。

4. 支付设备维护费

已经建成的生产线每条每年需要缴纳 1M 的维修费。

5. 计提折旧

计提生产线折旧(参见附录 1 规则)。在建工程不计提折旧。

提示：
- 当年建成的生产线不提折旧。
- 当净值等于产值，则无须再计提折旧。
- 折旧与现金流无关。

6. 结账

编制综合费用表、利润表、资产负债表。单击如图 2-29 所示的"年度财务报表"图标，进入"账务报表"窗口，依次填列综合费用表、利润表、资产负债表。

图 2-29

(四) 五个特殊业务

1. 紧急采购，出售库存，贴现，厂房贴现，紧急贷款

在下面两种情况中可以用到此功能：

(1) 在更新生产时发现原材料预订不够，而又需要当期使用，可以用成本价的 2 倍来购买原材料。

(2) 在按订单交货时如果发现产成品库存不足，可以用成本价的 3 倍来采购产品。

2. 出售库存

当企业现金断流时，企业可以通过出售库存方式，将库存产成品以成本价出售。

3. 贴现

贴现是指未来可以收到的应收账款提前收取，并支付一定的费用。不同账期的应收款，贴现的费用也有差别。1、2 期的应收账款贴现率为 10%(10M 应收账款贴息为 1M，小于 8M 的贴现也收取 1M 贴息)。3、4 期的应收账款贴现率为 12%(10M 应收账款贴息为 2M，小于 8M 的贴现贴息为 1M)。

4. 厂房贴现

正常情况下出售厂房后，直接转入四期的应收账款，当企业急需用现金时，可以将四期应收账款通过贴现的方式贴出来。

5. 紧急贷款

当企业紧急现金断流时还可以通过紧急贷款方式来解决，紧急贷款的贷款期限为 1 年，到期还本付息，利息为本金的 25%。紧急贷款最多可以贷 50M。

(五) 附加功能

ERP 沙盘模拟的附加功能介绍如下。

(1) 单击"模拟经营规则"按钮 ▉模拟经营规则▉，可以下载模拟经营规则。

提示：
模拟经营规则为 PDF 格式，如电脑没有安装 PDF 阅读器，则不能查看。

(2) 单击"扩展功能"按钮 ▉扩展功能▉，进入"扩展功能"窗口，如图 2-30 所示。

| 市场预测 |
| 高利贷款 |
| 订单查询 |
| 紧急采购 |
| 出售库存 |
| 出售厂房 |
| 贴现 |
| 公司信息 |
| 自动财务报表 |
| 操作记录 |

图 2-30

单击"市场预测"可以查看每个产品在每个市场 6 年的价格走势，以及对 ISO 的需求。弹出页面如图 2-31 所示。

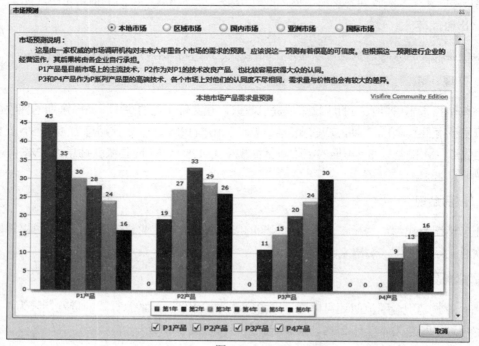

图 2-31

单击"高利贷款"可以申请借款。弹出窗口如图 2-32 所示。

图 2-32

单击"订单查询"可以查询本年度所有订单的情况，包括订单的产品、产品数量、单价、总额等相关信息。弹出页面如图 2-33 所示。

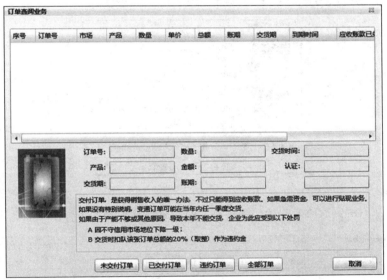

图 2-33

单击"紧急采购"可以紧急采购原材料和产成品。弹出窗口如图 2-34 所示。

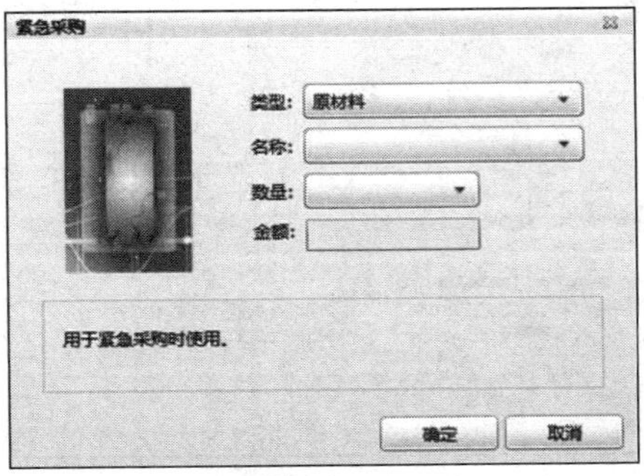

图 2-34

单击"出售库存"可以将库存产品进行成本价出售。弹出窗口如图 2-35 所示。

图 2-35

单击"出售厂房"可以将厂房出售并且变为 4 个账期的应收账款，同时需支付厂房租金(大厂房为 5M，小厂房为 3M)。弹出窗口如图 2-36 所示。

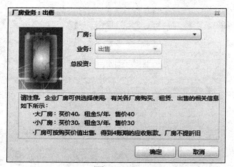

图 2-36

单击"贴现"可以将应收账款变为现金同时需支付贴现费用。弹出页面如图 2-37 所示。

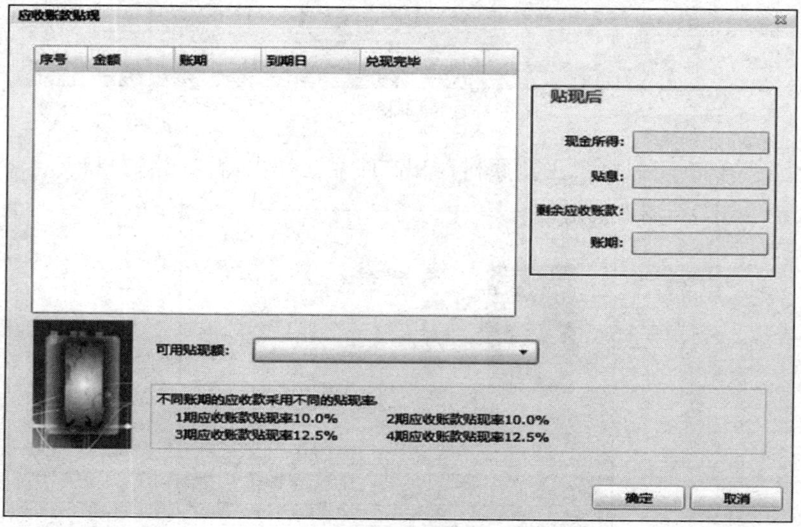

图 2-37

单击“公司信息”可以查看公司相关信息。弹出页面如图 2-38 所示。

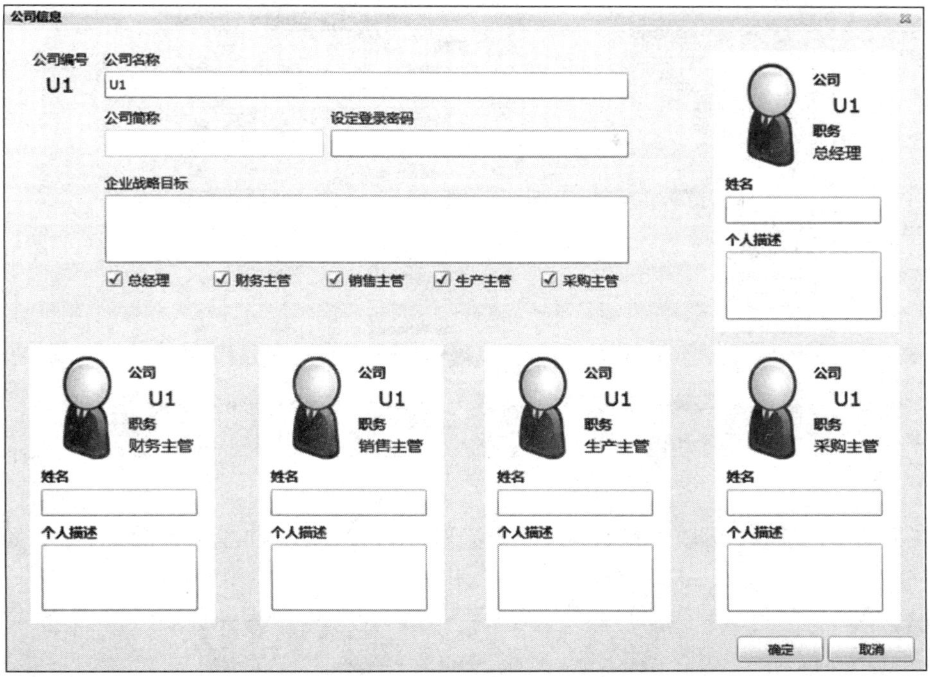

图 2-38

单击“自动财务报表”可以查看系统自动生成的正确的综合费用表、利润表、资产负债表，如图 2-39～图 2-41 所示。

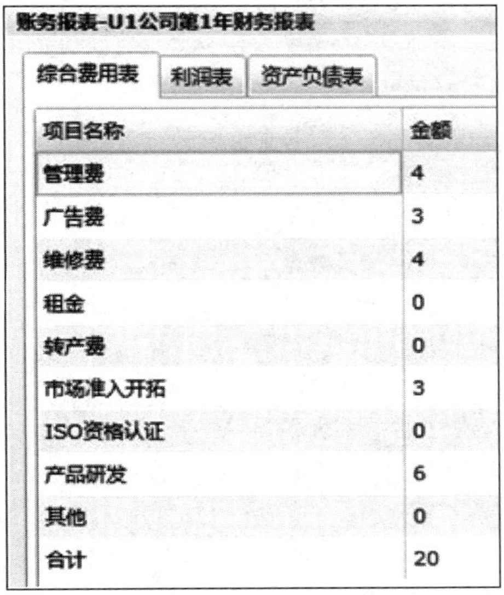
账务报表-U1公司第1年财务报表

综合费用表　利润表　资产负债表

项目名称	金额
管理费	4
广告费	3
维修费	4
租金	0
转产费	0
市场准入开拓	3
ISO资格认证	0
产品研发	6
其他	0
合计	20

图 2-39

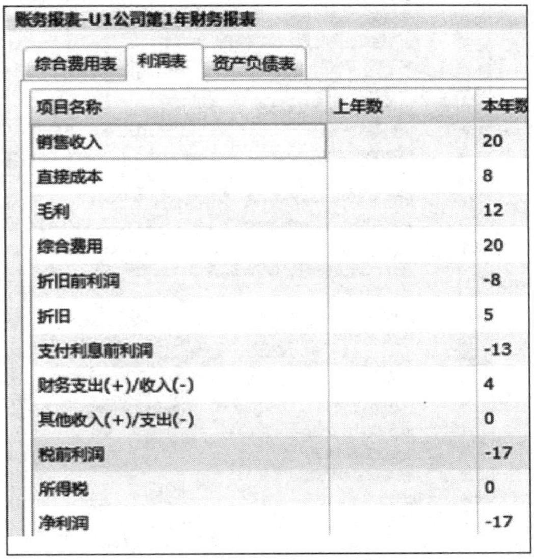
账务报表-U1公司第1年财务报表

综合费用表　利润表　资产负债表

项目名称	上年数	本年数
销售收入		20
直接成本		8
毛利		12
综合费用		20
折旧前利润		-8
折旧		5
支付利息前利润		-13
财务支出(+)/收入(-)		4
其他收入(+)/支出(-)		0
税前利润		-17
所得税		0
净利润		-17

图 2-40

账务报表-U1公司第1年财务报表

综合费用表 | 利润表 | 资产负债表

资产	上年数	本年数	负债和所有者权益	上年数	本年数
流动资产：			负债：		
现金	20	158	长期借款	40	180
应收款	15	0	短期借款	0	0
在制品	8	6	应付账款	0	0
成品	6	10	应交税费	1	0
原料	3	0	一年到期长债		0
流动资产合计	52	174	负债合计	41	180
固定资产：			所有者权益：		
土地和建筑	40	40	股东资本	50	50
机器与设备	13	8	利润留存	11	14
在建工程	0	5	年度净利	3	-17
固定资产合计	53	53	所有者权益合计	64	47
资产合计	105	227	负债和权益合计	105	227

综合费用表错误：0处错误　利润表错误：0处错误　资产负债表错误：0处错误　错误累计：0处错误

取消

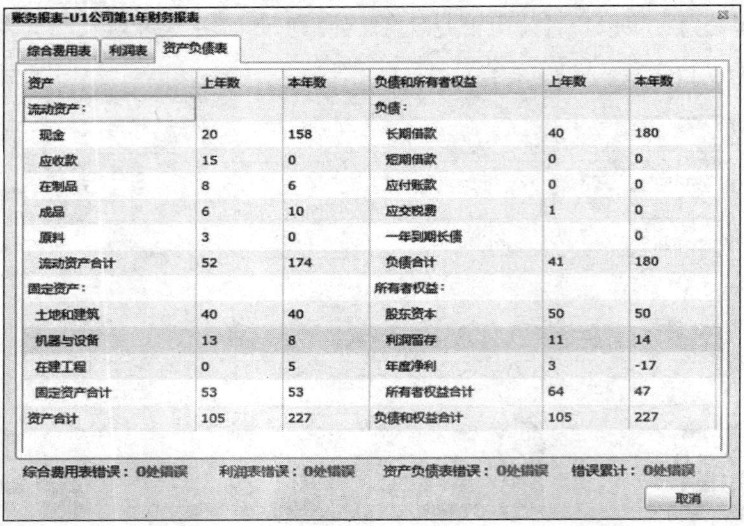

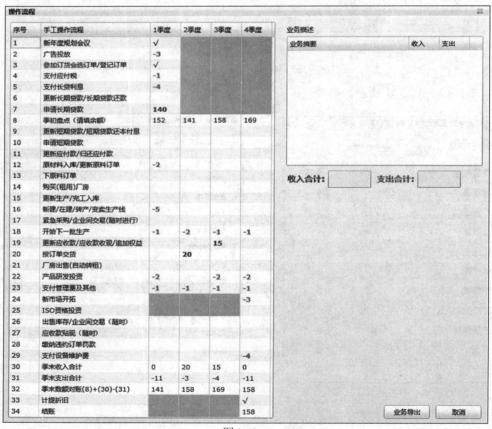

图 2-41

单击“操作记录表”可以查看本年度操作流程，并且可以以 TXT 文本形式导出，如图 2-42 所示。

操作流程

序号	手工操作流程	1季度	2季度	3季度	4季度
1	新年度规划会议	√			
2	广告投放	-3			
3	参加订货会选订单/登记订单	√			
4	支付应付税	-1			
5	支付长贷利息	-4			
6	更新长期贷款/长期贷款还款				
7	申请长期贷款	140			
8	季初盘点（请填余额）	152	141	158	169
9	更新短期贷款/短期贷款还本付息				
10	申请短期贷款				
11	更新应付款/归还应付款				
12	原材料入库/更新原料订单	-2			
13	下原料订单				
14	购买(租用)厂房				
15	更新生产/完工入库				
16	新建/在建/转产/变卖生产线	-5			
17	紧急采购/企业间交易(随时进行)				
18	开始下一批生产	-1	-2	-1	-1
19	更新应收款/应收款收现/追加权益			15	
20	按订单交货		20		
21	厂房出售(自动转租)				
22	产品研发投资	-2		-2	-2
23	支付管理费及其他	-1	-1	-1	-1
24	新市场开拓				-3
25	ISO资格投资				
26	出售库存/企业间交易（随时）				
27	应收款贴现（随时）				
28	缴纳违约订单罚款				
29	支付设备维护费				-4
30	季末收入合计	0	20	15	0
31	季末支出合计	-11	-3	-4	-11
32	季末数额对账(8)+(30)-(31)	141	158	169	158
33	计提折旧				√
34	结账				158

业务描述

业务摘要	收入	支出

收入合计：　支出合计：

业务导出　取消

图 2-42

(3) 特殊功能。

单击屏幕右上角的"释放赛区"按钮,可以清空比赛所有数据,下次重新登录后为起始年。比如现在进行到第三年第四季度,释放赛区重新登录后为第一年年初。

单击屏幕右上角的"返回首页"按钮,可以清空本年度比赛所有数据,下次重新登录后为本年度第一季度。例如,现在进行到第三年第四季度,返回首页重新登录后为第三年年初。

(六) 账务处理及报表生成

财务处理及报表生成操作介绍如下。

(1) 综合费用表与利润表填制示意图,如图 2-43 所示。

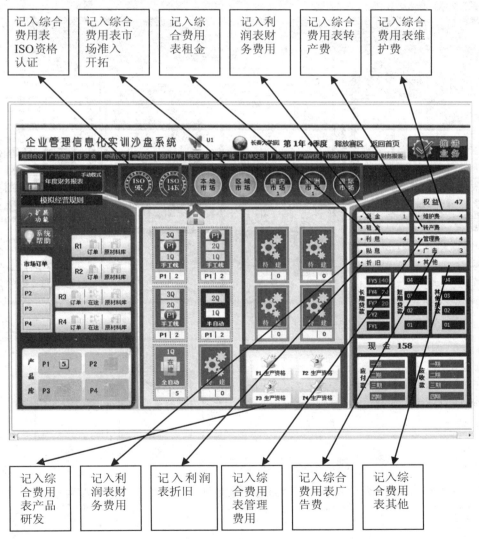

图 2-43

(2) 资产负债表填制示意图，如图 2-44 所示。

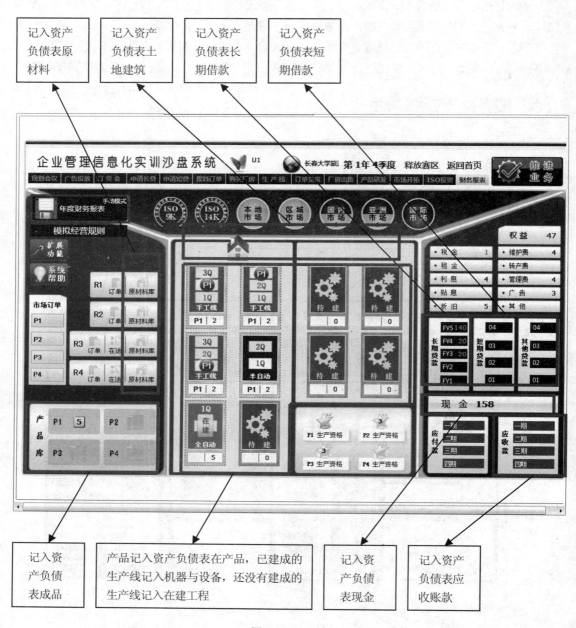

图 2-44

(3) 表 2-4 所示为经营流程表中各项任务对应的账务处理要点，可供参考。

表 2-4 经营流程表

序号	操作流程	说明
1	新年度规划会议	无
2	广告投放	记入综合费用表广告费
3	参加订货会选订单/登记订单	无
4	支付应付税(25%)	无
5	支付长贷利息	记入利润表财务费用
6	更新长期贷款/长期贷款还款	无
7	申请长期贷款	无
8	季初盘点(请填余额)	无
9	更新短期贷款/短期贷款还本付息	利息记入利润表财务费用
10	申请短期贷款	无
11	更新应付款/归还应付款	无
12	原材料入库/更新原料订单	无
13	下原料订单	无
14	购买/(租用)厂房	记入综合费用表厂房租金
15	更新生产/完工入库	无
16	新建/在建/转产/变卖生产线	记入综合费用表转产费或其他损失
17	紧急采购(随时进行)	记入综合费用表其他损失
18	开始下一批生产	无
19	更新应收款/应收款收现	无
20	按订单交货	记入利润表销售收入和直接成本
21	厂房出售(自动转租)	记入综合费用表厂房租金或其他
22	产品研发投资	记入综合费用表产品研发
23	支付管理费及其他	记入综合费用表管理费用
24	新市场开拓	记入综合费用表市场开拓
25	ISO 资格投资	记入综合费用表 ISO 资格认证
26	出售库存/企业间交易(随时)	记入综合费用表其他损失
27	应收款贴现(随时)	记入综合费用表财务费用
28	缴纳违约订单罚款	记入综合费用表其他损失
29	支付设备维护费	记入综合费用表设备维护费
30	计提折旧	记入利润表折旧

(4) 利润表填制要点,如表 2-5 所示。

表 2-5　利润表

编号	项目名称	数据来源	本年数
1	销售收入	产品核算表	—
2	直接成本	同上	—
3	毛利		=1-2
4	综合费用	综合费用表	—
5	折旧前利润		=3-4
6	折旧	盘面	
7	支付利息前利润		=5-6
8	财务支出(-)/收入(+)	盘面	—
9	其他收入(+)/支出(-)		
10	税前利润		=7-8+9
11	所得税		—
12	净利润		=10-11

(5) 完成利润表后可填制资产负债表，如表 2-6 所示。

表 2-6　资产负债表

资产	来源说明	负债和所有者权益	来源说明
流动资产：		负债：	
现金	盘面	长期借款	盘面
应收款	盘面	短期借款	盘面
在制品	盘面	应付账款	—
成品	盘面	应交税费	本年利润表
原料	盘面	一年到期长债	—
流动资产合计	以上各项之和	负债合计	以上三项之和
固定资产：		所有者权益：	
土地和建筑	盘面	股东资本	初始设定不变
机器与设备	盘面	利润留存	上一年度利润留存+上一年度年度净利
在建工程	盘面	年度净利	利润表
固定资产合计	以上三项之和	所有者权益合计	以上三项之和
资产合计	=流动资产+固定资产	负债和所有者权益合计	=负债合计+所有者权益合计

第三章
ERP进阶之手工沙盘

一、建立模拟企业

(一) 组建高效的团队

在沙盘对抗实训中,要将所有的学员分成若干个团队,团队就是由少数有互补技能、愿意为了共同的目的、业绩目标和方法而相互承担责任的人们组成的群体。而在每个团队中,各学员分别担任重要职位,包括CEO、财务总监、营销总监、生产总监和采购总监等职位。在经营过程中,团队的合作是必不可少的。要想打造一支高效的团队,应注意以下几点。

1. 有明确的共同目标

团队必须共同发展,并且要共同完成一个目标,这个目标可以使团队的成员向相同的方向努力,能够激发每个团队成员的积极性,并且使队员行动一致。团队要将总体的目标分解为具体的、可度量的、可行的行动目标。这些具体的目标和总体目标要紧密结合,并且要根据情况随时相应地修正。比如团队确立了自己六年发展的总目标,还要分解到每一年和每一季度具体如何运营。

2. 确保团队成员互补的能力

团队必须要发展成一个完善的能力组合,比如担任财务总监的成员就要比较细心,对财务的相关知识有一定的了解,而担任CEO职务的人就应该具备比较强的协调能力和组织能力等。

3. 有一位团队型领导

在经营过程中需要做出各种决策,这就需要CEO能够统领全局,协调各部门之间的关系,充分调动起每个学员的积极性,还要能够做出正确的决策。要成为一个高效、统一的团队,团队领导就必须学会在缺乏足够的信息和统一意见的情况下及时做出决定,果断的决策机制往往是以牺牲民主和不同意见为代价而获得的。对于团队领导而言,最难做到的莫过于避免被团队内部虚伪的和谐气氛所误导,并采取种种措施,努力引导和鼓励适当的、有建设性的良性冲突。将被掩盖的问题和不同意见摆到桌面上,通过讨论和合理决策将其加以解决,否则的话,将对企业的发展造成巨大的影响。

4. 履行好各自的责任

各学员应该按照自己的职位职责进行经营活动,而且应该把自己的工作做好。比如采购总监就应该负责原材料的采购,如果出现差错,直接会影响到以后的生产,而生产的产品数量又影响到交单的情况。所以一个小环节的疏漏,可能会导致满盘皆输。

此外,作为团队中的一员,首先要尊重别人。法国哲学家罗西法古曾说过:"如果你要得到仇人,就表现得比你的朋友优越;如果你要得到朋友,就要让你的朋友表现得比你优越。"当我们让朋友表现得比我们还优越时,他们就会有一种被肯定的感觉;但是当我们表现得比他们还优越时,他们就会产生一种自卑感,甚至对我们产生敌视情绪。因为谁都在自觉不自觉地强烈维护着自己的形象和尊严,因此我们要给予对方充分的尊重。其次要能够接受批评,从批评中寻找积极成分。如果团队成员对你的错误大加抨击,即使带有强烈的感情色彩,也不要与之争论不休,而是从积极方面来理解他的抨击。这样,不但对你改正错误有帮助,也避免了语言敌对场面的出现。最后要善于交流,同在一个团队,我们与其他团队成员之间会存在某些差异,知识、能力、经历造成我们在对待和处理问题时,会产生不同的想法。交流是协调的开始,把自己的想法说出来,听对方的想法,我们要经常说这样一句话:"你看这事该怎么办,我想听听你的看法。"总之,作为一名员工应该以自己的思想感情、学识修养、道德品质、处世态度、举止风度,做到坦诚而不轻率,谨慎而不拘泥,活泼而不轻浮,豪爽而不粗俗,一定可以和其他团队成员融洽相处,提高自己团队作战的能力。

(二) 职能定位

在模拟企业中主要设置 5 个基本职能部门(可根据学员人数适当调整),其主要职责如表 3-1 所示。

各组学员可以根据自己的专长选择不同的职能部门,当人数较多时,可设置各助理职位,如财务助理等。确定好职能后,应按图 3-1 所示重新落座。

表 3-1 各职位职责明细表

CEO	财务总监	营销总监	生产总监	采购总监
制定发展战略	日常财务记账和登账	市场调查分析	产品研发管理	编制采购计划
竞争格局分析	向税务部门报税	市场进入策略	管理体系认证	供应商谈判
经营指标确定	提供财务报表	品种发展策略	固定资产投资	签订采购合同
业务策略制定	日常现金管理	广告宣传策略	编制生产计划	监控采购过程
全面预算管理	企业融资策略制定	制订销售计划	平衡生产能力	仓储管理
管理团队协同	成本费用控制	争取订单与谈判	生产车间管理	采购支付抉择
企业绩效分析	资金调度与风险管理	按时交货	成品库存管理	与财务部协调
管理授权与总结	财务分析与协助决策	销售绩效分析	产品外协管理	与生产部协同

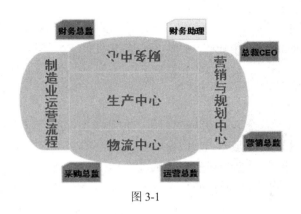

图 3-1

(三) 公司成立及 CEO 就职演讲

1. 公司命名

在公司成立之后，每个小组要召开第一次员工大会，大会由 CEO 主持。在这次会议中要为自己组建的公司命名。公司名称对一个企业将来的发展而言至关重要，因为公司名称它不仅关系到企业在行业内的影响力，还关系到企业所经营的产品投放市场后，消费者对本企业的认可度。品牌命名或公司命名符合行业特点、有深层次的文化底蕴且是广大消费者熟知的、再也找不到第二名称的，企业的竞争力就明显地区别于行业内的企业，为打造知名品牌奠定了基础。因此各小组要集思广益，为自己的企业起一个响亮的名字。

2. 确定企业使命

企业使命英文表示为 MISSION，在企业愿景的基础之上，具体地定义企业在全社会经济领域中所经营的活动范围和层次，具体地表述企业在社会经济活动中的身份或角色。企业使命内容包括企业的经营哲学、企业的宗旨和企业的形象。在第一次员工大会上，学员要集体讨论并确定企业的宗旨和企业形象等问题。

3. CEO 就职演讲

小组讨论结束后，由 CEO 代表自己的公司进行就职演讲，阐述一下自己公司使命与目标等，为下一步具体经营管理企业打下良好的基础。

二、年初工作

"一年之计在于春"。在一年之初，企业应当谋划全年的经营，预测可能出现的问题和情况，分析可能面临的问题和困难，寻找解决问题的途径和办法，使企业未来的经营活动处于掌控之中。为此，企业首先应当召集各位业务主管召开新年度规划会议，初步制订企业本年度的投资规划；接着，营销总监参加一年一度的产品订货会，竞争本年度的销售订单；然后，根据销售订单情况，调整企业本年度的投资规划，制订本年度的工作计划，开始本年度的各项工作。

(一) 新年度规划会议

在开始新的一年经营之前，CEO 应当召集各位业务主管召开新年度规划会议，根据各位主管掌握的信息和企业的实际情况，初步提出企业在新一年的各项投资规划，包括市场和认证开发、产品研发、设备投资、生产经营等规划。同时，为了能准确地在一年一度的产品订货会上争取销售订单，还应当根据规划精确地计算出企业在该年的产品完工数量，确定企业的可接订单数量。

1. 新年度全面规划

新年度规划涉及企业在新的一年如何开展各项工作的问题。通过制订新年度规划，可以使各业务主管做到在经营过程中胸有成竹，知道自己在什么时候该干什么，可以有效预防经营过程中决策的随意性和盲目性，减少经营失误；同时，在制订新年度规划时，各业务主管已经就各项投资决策达成了的共识，可以使各项经营活动有条不紊地进行，可以有效提高团队的合作精神，鼓舞士气，提高团队的战斗力和向心力，使团队成员之间更加团结、协调、和谐。

新年度全面规划内容涉及企业的发展战略规划、投资规划、生产规划和资金筹集规划等。要做出科学合理的规划，企业应当结合目前和未来的市场需求、竞争对手可能的策略以及本企业的实际情况进行。在进行规划时，企业首先应当对市场进行准确的预测，包括预测各个市场产品的需求状况和价格水平，预测竞争对手可能的目标市场和产能情况，预测各个竞争对手在新的一年的资金状况(资金的丰裕和不足将极大地影响企业的投资和生产)，在此基础上，各业务主管提出新年度规划的初步设想，大家就此进行论证，最后，在权衡各方利弊得失后，做出企业新年度的初步规划。企业在进行新年度规划时，可以从以下方面展开：

(1) 市场开拓规划。企业只有开拓了市场才能在该市场销售产品。企业拥有的市场决定了企业产品的销售渠道。开拓市场投入资金会导致企业当期现金的流出，增加企业当期的开拓费用，减少当期的利润。所以，企业在制订市场开拓规划时，应当考虑当期的资金情况和所有者权益情况。只有在资金有保证，减少的利润不会对企业造成严重后果(例如，由于开拓市场增加费用而减少的利润使企业所有者权益为负数)时才能进行。在进行市场开拓规划时，企业主要应当明确如下几个问题：

① 企业的销售策略是什么？企业可能会考虑哪个市场产品价格高就进入哪个市场，也可能是哪个市场需求大就进入哪个市场，也可能两个因素都会考虑。企业应当根据销售策略明确需要开拓什么市场、开拓几个市场。

② 企业的目标市场是什么？企业应当根据销售策略和各个市场产品的需求状况、价格水平、竞争对手的情况等明确企业的目标市场。

③ 什么时候开拓目标市场？在明确了企业的目标市场后，还涉及什么时候进入目标市场的问题，企业应当结合资金状况和产品生产情况明确企业目标市场的开拓时间。

(2) ISO 认证开发规划。企业只有取得 ISO 认证资格，才能在竞单时取得标有 ISO 条件的订单。不同的市场、不同的产品或不同的时期，对 ISO 认证的要求是不同的，不是所有的市场在任何时候对任何产品都有 ISO 认证要求。所以，企业应当对是否进行 ISO 认证开发进行决策。同样，要进行 ISO 认证，需要投入资金。如果企业决定进行 ISO 认证开发，也应当考虑对资金和所有者权益的影响。由于 ISO 认证开发是分期投入的，为此，在进行开发规划时，应当考虑以下几个问题：

① 开发何种认证？ISO 认证包括 ISO 9000 认证和 ISO 14000 认证。企业可以只开发其中的一种或者两种都开发。到底开发哪种，取决于企业的目标市场对 ISO 认证的要求，取决于企业的资金状况。

② 什么时候开发？认证开发可以配合市场对认证要求的时间来进行。企业可以从有关市场预测的资料中了解市场对认证的要求情况。一般而言，时间越靠后，市场对认证的要求会越高。企业如果决定进行认证开发，在资金和所有者权益许可的情况下，可以适当提前开发。

(3) 产品研发投资规划。企业在经营前期，产品品种单一，销售收入增长缓慢。企业如果要增加收入，就必须多销售产品。而要多销售产品，除了销售市场要足够多之外，还必须要有多样化的产品，因为每个市场对单一产品的需求总是有限的。为此，企业需要做出是否进行新产品研发的决策。企业如果要进行新产品的研发，就需要投入资金，同样会影响当期现金流量和所有者权益。所以，企业在进行产品研发投资规划时，应当注意以下几个问题：

① 企业的产品策略是什么？由于企业可以研发的产品品种多样，企业需要做出研发哪几种产品的决策。由于资金、产能的原因，企业一般不同时研发所有的产品，而是根据市场的需求和竞争对手的情况，选择其中的一种或两种进行研发。

② 企业从什么时候开始研发哪些产品？企业决定要研发产品的品种后，需要考虑的就是什么时候开始研发以及研发什么产品的问题。不同的产品可以同时研发，也可以分别研发。企业可以根据市场、资金、产能、竞争对手的情况等方面来确定。

(4) 设备投资规划。企业生产设备的数量和质量影响产品的生产能力。企业要提高生产能力，就必须对落后的生产设备进行更新，补充现代化的生产设备。要更新设备，需要用现金支付设备款，支付的设备款记入当期的在建工程，设备安装完成后，增加固定资产。所以，设备投资支付的现金不影响当期的所有者权益，但会影响当期的现金流量。正是因为设备投资会影响现金流量，所以，在设备投资时，应当重点考虑资金的问题，防止出现由于资金问题而使投资中断，或者投资完成后由于没有资金不得不停工待料等情况。企业在进行设备投资规划时，应当考虑以下几个问题：

① 新的一年，企业是否要进行设备投资？应当说，每个企业都希望扩大产能、扩充新生产线、改造落后的生产线，但是，要扩充或更新生产线涉及时机的问题。一般而言，企业如果资金充裕，未来市场容量大，就应当考虑进行设备投资，扩大产能。反之，就应当暂缓或不进行设备投资。

② 扩建或更新什么生产线？由于生产线有手工、半自动、全自动和柔性 4 种，这就涉及该选择什么生产线的问题。一般情况下，企业应当根据资金状况和生产线是否需要转产等做

出决策。

③ 扩建或更新几条生产线？如果企业决定扩建或更新生产线，还涉及具体的数量问题。扩建或更新生产线的数量，一般根据企业的资金状况、厂房内生产线位置的空置数量、新研发产品的完工时间等来确定。

④ 什么时候扩建或更新生产线？如果不考虑其他因素，应该说生产线可以在流程规定的每个季度进行扩建或更新，但是，实际运作时，企业不得不考虑当时的资金状况、生产线完工后上线的产品品种、新产品研发完工的时间等因素。一般而言，如果企业有新产品研发，生产线建成的时间最好与其一致(柔性和手工线除外)，这样可以减少转产和空置的时间。从折旧的角度看，生产线的完工时间最好在某年的第一季度，这样可以相对减少折旧费用。

2. 确定可接订单的数量

在新年度规划会议以后，企业要参加一年一度的产品订货会。企业只有参加产品订货会，才能争取到当年的产品销售订单。在产品订货会上，企业要准确拿单，就必须准确计算出当年的产品完工数量，据此确定企业当年甚至每一个季度的可接订单数量。企业某年某产品可接订单数量的计算公式为：

某年某产品可接订单数量=年初该产品的库存量+本年该产品的完工数量

式中，年初产品的库存量可以从沙盘盘面的仓库中找到，也可以从营销总监的营运记录单中找到(实际工作中从有关账簿中找到)。这里，最关键的是确定本年产品的完工数量。

完工产品数量是生产部门通过排产来确定的。在沙盘企业中，生产总监根据企业现有生产线的生产能力，结合企业当期的资金状况确定产品上线时间，再根据产品的生产周期推算产品的下线时间，从而确定出每个季度、每条生产线产品的完工情况。为了准确测算产品的完工时间和数量，沙盘企业可以通过编制"产品生产计划"来进行。当然，企业也可以根据产品上线情况同时确定原材料的需求数量，这样，两者结合，既可确定产品的完工时间和完工数量，同时又可以确定每个季度原材料的需求量。我们举例介绍该计划的编制方法：企业某年年初有手工生产线、半自动生产线和全自动生产线各一条(全部空置)，预计从第一季度开始在手工生产线上投产 P1 产品，在半自动和全自动生产线上投产 P2 产品(假设产品均已开发完成，可以上线生产；原材料能满足生产需要)。我们可以根据各生产线的生产周期编制产品生产及材料需求计划，企业从第一季度开始连续投产加工产品，第一年第一季度没有完工产品，第二季度完工 1 个 P2 产品，在第三季度完工 2 个 P2 产品，第四季度完工 1 个 P1 产品和 1 个 P2 产品。同时，我们还可以看出企业在每个季度原材料的需求数量。根据该生产计划提供的信息，营销总监可以据此确定可接订单数量，采购总监可以据此作为企业材料采购的依据。

需要注意的是，在编制"产品生产及材料需求计划"时，企业首先应明确产品在各条生产线上的投产时间，然后根据各生产线的生产周期推算每条生产线投产产品的完工时间，最后，将各条生产线完工产品的数量加总，得出企业在某一时期每种产品的完工数量。同样，依据生产与用料的关系，企业根据产品的投产数量可以推算出各种产品投产时需要投入的原材料数量，然后，将各条生产线上需要的原材料数量加总，可以得到企业在每个季度所需要的原材料数量。采购总监可以根据该信息确定企业需要采购什么、什么时间采购、采购多少等。

(二) 参加订货会、支付广告费、登记销售订单

销售产品必须要有销售渠道。对于沙盘企业而言，销售产品的唯一途径就是参加产品订货会，争取销售订单。参加产品订货会需要在目标市场投放广告费，只有投放了广告费，企业才有资格在该市场争取订单。

在参加订货会之前，企业需要分市场、分产品在"竞单表"上登记投放的广告费金额。"竞单表"是企业争取订单的唯一依据，也是企业当期支付广告费的依据，应当采取科学的态度，认真对待。

一般情况下，营销总监代表企业参加订货会，争取销售订单。但为了从容应对竞单过程中可能出现的各种复杂情况，企业也可由营销总监与CEO或采购总监一起参加订货会。竞单时，应当根据企业的可接订单数量选择订单，尽可能按企业的产能争取订单，使企业生产的产品在当年全部销售。应当注意的是，企业争取的订单一定不能突破企业的最大产能，否则，如果不能按期交单，将给企业带来巨大的损失。

沙盘企业中，广告费一般在参加订货会后一次性支付。所以，企业在投放广告时，应当充分考虑企业的支付能力。也就是说，投放的广告费一般不能突破企业年初未经营前现金库中的现金余额。

为了准确掌握销售情况，科学制订本年度工作计划，企业应将参加订货会争取的销售订单进行登记。拿回订单后，财务总监和营销总监分别在任务清单的"订单登记表"中逐一对订单进行登记。为了将已经销售和尚未销售的订单进行区分，营销总监在登记订单时，只登记订单号、销售数量、账期，暂时不登记销售额、成本和毛利，当产品销售时，再进行登记。

(三) 制订新年度计划

企业参加订货会取得销售订单后，已经明确了当年的销售任务。企业应当根据销售订单对前期制订的新年度规划进行调整，制订新年度工作计划。新年度工作计划是企业在新的一年为了开展各项经营活动而事先进行的工作安排，它是企业执行各项任务的基本依据。新年度工作计划一般包括投资计划、生产计划、销售计划、采购计划、资金筹集计划等。沙盘企业中，当企业取得销售订单后，企业的销售任务基本明确，已经不需要制订销售计划了。这样，企业的新年度计划主要围绕生产计划、采购计划和资金的筹集计划来进行。

为了使新年度计划更具有针对性和科学性，计划一般是围绕预算来制订的。预算可以将企业的经营目标分解为一系列具体的经济指标，使生产经营目标进一步具体化，并落实到企业的各个部门，这样企业的全体员工就有了共同努力的方向。沙盘企业中，通过编制预算，特别是现金预算，可以在企业经营之前预见经营过程中可能出现的现金短缺或盈余，便于企业安排资金的筹集和使用；同时，通过预算，可以对企业的规划及时进行调整，防止出现由于资金断流而破产的情况。

现金预算，首先需要预计现金收入和现金支出。实际工作中，现金收入和支出只能进行合理地预计，很难进行准确的测算。沙盘企业中，现金收入相对比较单一，主要是销售产品收到的现金，可以根据企业的销售订单和预计交单时间准确地估算。现金支出主要包括投资支出、生产支出、采购材料支出、综合费用支出和日常管理费用支出等。这些支出可以进一步分为固定支出和变动支出两部分。固定支出主要是投资支出、综合费用支出、管理费用支出等，企业可以根据规则和企业的规划准确计算。变动支出是随产品生产数量的变化而变化的支出，主要是生产支出和材料采购支出。企业可以根据当年的生产线和销售订单情况安排生产，在此基础上通过编制"产品生产与材料需求计划"，准确地测算出每个季度投产所需要的加工费。同时，根据材料需求计划确定材料采购计划，准确确定企业在每个季度采购材料所需要的采购费用。这样，通过预计现金收入和现金支出，可以比较准确地预计企业现金的短缺或盈余。如果现金短缺，就应当想办法筹集资金，如果不能筹集资金，就必须调整规划或计划，减少现金支出。反之，如果现金有较多盈余，可以调整规划或计划，增加长期资产的投资，增强企业的后续发展实力。

实际工作中，企业要准确编制预算，首先应预计预算期产品的销售量，在此基础上编制销售预算，预计现金收入。之后，编制生产预算和费用预算，预计预算期的现金支出，最后编制现金预算。沙盘企业中，预算编制的程序与实际工作基本相同，但由于业务简化，可以采用简化的程序，即根据销售订单，先编制产品生产计划，再编制材料采购计划，最后编制现金预算。

1. 生产计划

沙盘企业中，编制生产计划的主要目的是为了确定产品投产的时间和投产的品种(当然也可以预计产品完工的时间)，从而预计产品投产需要的加工费和原材料。生产计划主要包括产品生产及材料需求计划、开工计划、原材料需求计划等。

前面我们已经介绍，企业在参加订货会之前，为了准确计算新年产品的完工数量，已经根据自己的生产线情况编制了"产品生产及材料需求计划"。但是，由于取得的销售订单可能与预计有差异，企业有时需要根据取得的销售订单对产品生产计划进行调整，为此，就需要重新编制该计划。然后，企业根据确定的新的"产品生产及材料需求计划"，编制"开工计划"和"材料需求计划"。

"开工计划"是生产总监根据"产品生产及材料需求计划"编制的，它将各条生产线产品投产数量按产品加总，将分散的信息集中在一起，可以直观地看出企业在每个季度投产了哪些产品、分别有多少。同时，根据产品的投产数量，能准确确定出每个季度投产产品所需要的加工费。财务总监根据该计划提供的加工费信息，作为编制现金预算的依据之一。下面举例说明根据"产品生产及材料需求计划"编制该企业的"开工计划"。

假如从"产品生产及材料需求计划"可以看出，企业在第一季度投产 1 个 P1 产品，2 个 P2 产品，共计投产 3 个产品。根据规则，每个产品上线需投入加工费 1M，第一季度投产 3 个产品，需要 3M 的加工费。同样，企业根据产品投产数量可以推算出第二、三、四季度需要的加工费。

生产产品必须要有原材料，没有原材料，企业就无法进行产品生产。企业要保证材料的供应，就必须事先知道企业在什么时候需要什么材料、需要多少。企业可以根据"产品生产及材料需求计划"编制"材料需求计划"，确定企业在每个季度所需要的材料。"材料需求计划"可以直观地反映企业在某一季度所需要的原材料数量，采购总监可以据此订购所需要的原材料，保证原材料的供应。

2. 材料采购计划

企业要保证材料的供应，必须提前订购材料。实际工作中，采购材料可能是现款采购，也可能是赊购。沙盘企业中，一般采用的是现款采购的规则。也就是说，订购的材料到达企业时，必须支付现金。

材料采购计划相当于实际工作中企业编制的"直接材料预算"，它是以生产需求计划为基础编制的。在编制材料采购计划时，主要应当注意以下3个问题：

(1) 订购的数量。订购材料的目的是为了保证生产的需要，如果订购过多，占用了资金，造成资金使用效率的下降；订购过少，不能满足生产的需要。所以，材料的订购数量应当以既能满足生产需要，又不造成资金的积压为原则，尽可能做到材料零库存。为此，应当根据原材料的需要量和原材料的库存数量来确定原材料的订购数量。

(2) 订购的时间。一般情况下，企业订购的材料当季度不能入库，要在下一季度或下两季度才能到达企业，为此，企业在订购材料时，应当考虑材料运输途中的时间，即材料提前订货期。

(3) 采购材料付款的时间和金额。采购的材料一般在入库时付款，付款的金额就是材料入库应支付的金额，如果订购了材料，就必须按期购买。当期订购的材料不需要支付现金。

企业编制材料采购计划，可以明确企业订购材料的时间，采购总监可以根据该计划订购材料，防止多订、少订、漏订材料，保证生产的需要。同时，财务总监根据该计划可以了解企业采购材料的资金需要情况，及时纳入现金预算，保证资金的供应。

下面举例说明根据"材料需求计划"，采购总监编制该企业的"材料采购计划"。

假如从"材料需求计划"中可以看出，企业在每个季度都需要一定数量的 R1 和 R2 原材料，根据规则，R1 和 R2 材料的提前订货期均为一个季度，也就是说，企业需要提前一个季度订购原材料。例如，企业在本年第一季度需要 3 个 R1 和 2 个 R2，则必须在上年的第四季度订购。当上年第四季度订购的材料在本年第一季度入库时，需要支付材料款 5M。同样，企业可以推算在每个季度需要订购的原材料以及付款的金额。据此，采购总监编制"材料采购计划"。

3. 现金预算

企业在经营过程中，常常出现现金短缺的"意外"情况，正常经营不得不中断，搞得经营者焦头烂额。其实，仔细分析我们会发现，这种"意外"情况的发生不外乎两方面的原因：第一，企业没有正确编制预算，导致预算与实际严重脱节；第二，企业没有严格按计划进行经营，导致实际严重脱离预算。为了合理安排和筹集资金，企业在经营之前应当根据新年度计划编制现金预算。

现金预算是有关预算的汇总，由现金收入、现金支出、现金多余或不足、资金的筹集和运用 4 个部分组成。现金收入部分包括期初现金余额和预算期现金收入两部分构成。现金支出部分包括预算的各项现金支出。现金多余或不足是现金收入合计与现金支出合计的差额。差额为正，说明收入大于支出，现金有多余，可用于偿还借款或用于投资；差额为负，说明支出大于收入，现金不足，需要筹集资金或调整规划或计划，减少现金支出。资金的筹集和运用部分是当企业现金不足或富裕时，筹集或使用的资金。

沙盘企业中，企业取得销售订单后，现金收入基本确定。当企业当年的投资和主产计划确定后，企业的现金支出也基本确定，所以，企业应该能够通过编制现金预算准确预计企业经营期的现金多余或不足，可以有效预防"意外"情况的发生。如果企业通过编制现金预算发现资金短缺，而且通过筹资仍不能解决，则应当修订企业当年的投资和经营计划，最终使企业的资金满足需要。

"现金预算表"的格式有多种，可以根据实际需要自己设计。这里，我们介绍其中的一种，这种格式是根据沙盘企业的运营规则设计的。下面我们简要举例介绍"现金预算表"的编制。根据前面的资料，编制该企业该年的现金预算表。假设该企业有关现金预算资料如下：

年初现金：18M；

上年应交税金：0；

支付广告费：8M；

应收款到期：第一季度 15M，第二季度 8M，第三季度 8M，第四季度 18M；

年末偿还长期贷款利息：4M；

年末支付设备维护费：2M。

投资规划：从第一季度开始连续开发 P2 和 P3 产品，开发国内和亚洲市场，同时进行 ISO 9000 和 ISO 14000 认证，从第三季度开始购买安装两条全自动生产线。产品生产及材料采购需要的资金见前面的"开工计划"和"材料采购计划"。我们可以根据该规划，并结合生产和材料采购计划，编制该企业的现金预算表如表 3-2 所示。

从编制的现金预算表可以看出，企业在第一、二、三季度收到现金前的支付都小于或等于期初现金，而且期末现金都大于零，说明现金能满足需要。第三季度末，企业现金余额为 4M，也就是说，第四季度期初库存现金为 4M，但是，第四季度在收到现金前的现金支出为 13M，小于可使用的资金，这样，企业必须在第三或第四季度初筹集资金。因为企业可以在每季度初借入短期借款，所以，企业应当在第四季度初贷入 20M 的短期贷款。

综上，企业为了合理组织和安排生产，在年初首先应当编制"产品生产及材料需求计划"，明确企业在计划期内根据产能所能生产的产品数量，营销总监可以根据年初库存的产品数量和计划年度的完工产品数量确定可接订单数量，并根据确定的可接订单数量参加产品订货会。订货会结束后，企业根据确定的计划年度产品销售数量安排生产。为了保证材料的供应，生产总监根据确定的生产计划编制"材料需求计划"，采购总监根据生产总监编制的"材料需求计划"编制"材料采购计划"。财务总监根据企业规划确定的费用预算、生产预算和材料需求预算编制资金预算，明确企业在计划期内资金的使用和筹集。

表 3-2 现金预算表   单位：M

项目	第一季度	第二季度	第三季度	第四季度
期初库存现金	18	13	14	4
支付上年应交税				
市场广告投入	8			
支付短期贷款利息				
支付到期短期贷款本金				
支付到期的应付款				
支付原材料采购现金	5	2	4	3
支付生产线投资			8	8
支付转产费用				
支付产品加工费用	3	1	2	2
收到现金前的所有支出	16	3	14	13
应收款到期收到现金	15	8	8	18
支付产品研发投资	3	3	3	3
支付管理费	1	1	1	1
支付长期贷款利息				4
偿还到期的长期贷款				
支付设备维护费用				2
支付租金				
支付购买厂房费用				
支付市场开拓费用				2
支付ISO认证费				2
其他				
现金收入合计	15	8	8	18
现金支出合计	20	7	18	27
现金多余或不足	13	14		−5
向银行贷款				20
贴现收到现金				
期末现金余额	13	14	4	15

(四) 支付应付税

依法纳税是每个公民应尽的义务。企业在年初应支付上年应交的税金。企业按照上年资产负债表中"应交税金"项目的数值交纳税金。交纳税金时，财务总监从现金库中拿出相应现金放在沙盘"综合费用"的"税金"处，并在运营任务清单对应的方格内记录现金的减少数。

三、沙盘模拟日常运营

企业制订新年度计划后,就可以按照运营规则和工作计划进行经营了。沙盘企业日常运营应当按照一定的流程来进行,这个流程就是任务清单。任务清单反映了企业在运行过程中的先后顺序,必须按照这个顺序进行。

为了对沙盘企业的日常运营有一个详细的了解,这里,我们按照任务清单的顺序,对日常运营过程中的操作要点进行介绍,任务清单如表3-3所示。

表3-3 企业运营任务清单(1~6年)

企业经营流程　　　　　　　　　　每执行完一项操作,CEO请在相应的方格内打勾。
请按顺序执行下列各项操作。　　　财务总监(助理)在方格中填写现金收支情况。

序号	手工操作流程	1季度	2季度	3季度	4季度
1	新年度规划会议				
2	广告投放				
3	参加订货会选订单/登记订单				
4	支付应付税(25%)				
5	支付长贷利息				
6	更新长期贷款/长期贷款还款				
7	申请长期贷款				
8	季初盘点(请填余额)				
9	更新短期贷款/短期贷款还本付息				
10	申请短期贷款				
11	更新应付款/归还应付款				
12	原材料入库/更新原料订单				
13	下原料订单				
14	购买/(租用)厂房				
15	更新生产/完工入库				
16	新建/在建/转产/变卖生产线				
17	紧急采购(随时进行)				
18	开始下一批生产				
19	更新应收款/应收款收现				
20	按订单交货				
21	厂房出售(自动转租)				
22	产品研发投资				
23	支付管理费及其他				
24	新市场开拓				
25	ISO资格投资				
26	出售库存/企业间交易(随时)				
27	应收款贴现(随时)				

(续表)

序号	手工操作流程	1季度	2季度	3季度	4季度
28	缴纳违约订单罚款				
29	支付设备维护费				
30	季末收入合计				
31	季末支出合计				
32	季末数额对账(8)+(30)-(31)				
33	计提折旧				
34	结账				

(一) 季初盘点

为了保证账实相符，企业应当定期对企业的资产进行盘点。沙盘企业中，企业的资产主要包括现金、应收账款、原材料、在产品、产成品等流动资产，以及在建工程、生产线、厂房等固定资产。盘点的方法主要采用实地盘点法，就是对沙盘盘面的资产逐一清点，确定出实有数，然后将任务清单上记录的余额与其核对，最终确定出余额。

盘点时，CEO 指挥、监督团队成员各司其职，认真进行。如果盘点的余额与账面数一致，各成员就将结果准确无误地填写在任务清单的对应位置。季初余额等于上一季度末余额，由于上一季度末刚盘点完毕，所以可以直接根据上季度的季末余额填入。

操作要点如下：

(1) 财务总监：根据上季度末的现金余额填写本季度初的现金余额。第一季度现金账面余额的计算公式为：

年初现金余额=上年末库存现金-支付的本年广告费-支付上年应交的税金+其他收到的现金

(2) 采购总监：根据上季度末库存原材料数填写本季度初库存原材料。
(3) 生产总监：根据上季度末库存在产品数量填写本季度初在产品数量。
(4) 营销总监：根据上季度末产成品数量填写本季度初产成品数量。
(5) CEO：在监督各成员正确完成以上操作后，在运营任务清单对应的方格内打"√"。

(二) 更新短期贷款/还本付息/申请短期贷款(高利贷)

企业要发展，资金是保证。在经营过程中，如果缺乏资金，正常的经营可能都无法进行，更谈不上扩大生产和进行无形资产投资了。如果企业的经营活动正常，从长远发展的角度来看，应适度举债，"借鸡生蛋"。

沙盘企业中，企业筹集资金的方式主要是长期贷款和短期贷款。长期贷款主要是用于长期资产投资，比如购买生产线、产品研发等，短期贷款主要解决流动资金不足的问题，两者应结合起来使用。短期贷款的借入、利息的支付和本金的归还都是在每个季度初进行的。其余时间要筹集资金，只能采取其他的方式，不能贷入短期贷款。

操作要点如下。

1. 财务总监

更新短期贷款。将短期借款往现金库方向推进一格，表示短期贷款离还款时间更接近。如果短期借款已经推进现金库，则表示该贷款到期，应还本付息。

还本付息。财务总监从现金库中拿出利息放在沙盘"综合费用"的"利息"处；拿出相当于应归还借款本金的现金到交易处偿还短期借款。

申请短期贷款。如果企业需要借入短期借款，则财务总监填写"公司贷款申请表"到交易处借款。短期借款借入后，放置一个空桶在短期借款的第四账期处，在空桶内放置一张借入该短期借款信息的纸条，并将现金放在现金库中。

记录。在"公司贷款登记表"上登记归还的本金金额；在任务清单对应的方格内记录偿还的本金、支付利息的现金减少数；登记借入短期借款增加的现金数。

2. CEO

在监督财务总监正确完成以上操作后，在运营任务清单对应的方格内打"√"。

（三）更新应付款/归还应付款

企业如果采用赊购方式购买原材料，就涉及应付账款。如果应付账款到期，必须支付货款。企业应在每个季度对应付款进行更新。

操作要点如下。

1. 财务总监

更新应付款。将应付款向现金库方向推进一格，当应付款到达现金库时，表示应付款到期，必须用现金偿还，不能延期。

归还应付款。从现金库中取出现金付清应付款。

记录。在任务清单对应的方格内登记现金的减少数。

2. CEO

在监督财务总监正确完成以上操作后，在任务清单对应的方格内打"√"。本次实训的规则中不涉及应付款，不进行操作，直接在任务清单对应的方格内打"×"。

（四）原材料入库/更新原料订单

企业只有在前期订购了原材料，在交易处登记了原材料采购数量的，才能购买原材料。每个季度，企业应将沙盘中的"原材料订单"向原材料仓库推进一格，表示更新原料订单。如果原材料订单本期已经推到原材料库，表示原材料已经到达企业，企业应验收入库材料，并支付相应的材料款。

操作要点如下。

1. 采购总监

购买原材料。持现金和"采购登记表"在交易处买回原材料后，放在沙盘对应的原材料库中。

记录。在"采购登记表"中登记购买的原材料数量，同时在任务清单对应的方格内登记入库的原材料数量。

如果企业订购的原材料尚未到期，则采购总监在任务清单对应的方格内打"√"。

2. 财务总监

付材料款。从现金库中拿出购买原材料需要的现金交给采购总监。

记录。在运营任务清单对应的方格内填上现金的减少数。

3. CEO

在监督财务总监和采购总监正确完成以上操作后，在任务清单对应的方格内打"√"。

(五) 下原料订单

企业购买原材料必须提前在交易处下原料订单，没有下订单不能购买。下原料订单不需要支付现金。

操作要点如下。

1. 采购总监

下原料订单。在"采购登记表"上登记订购的原材料品种和数量，在交易处办理订货手续；将从交易处取得的原材料采购订单放在沙盘的"原材料订单"处。

记录。在任务清单对应的方格内记录订购的原材料数量。

2. CEO

在监督采购总监正确完成以上操作后，在任务清单对应的方格内打"√"。

(六) 更新生产/完工入库

一般情况下，产品加工时间越长，完工程度越高。企业应在每个季度更新生产。当产品完工后，应及时下线入库。

操作要点如下。

1. 生产总监

更新生产。将生产线上的在制品向前推一格。如果产品已经推到生产线以外，表示产品完工下线，将该产品放在产成品库对应的位置。

记录。在任务清单对应的方格内记录完工产品的数量。如果产品没有完工，则在运营任务清单对应的方格内打"√"。

2. CEO

在监督生产总监正确完成以上操作后，在任务清单对应的方格内打"√"。

(七) 投资新生产线/变卖生产线/生产线转产

企业要提高产能，必须对生产线进行改造，包括新购、变卖和转产等。新购的生产线安置在厂房空置的生产线位置；如果没有空置的位置，必须先变卖生产线。变卖生产线的目的主要是出于战略的考虑，比如将手工线换成全自动生产线等。如果生产线要转产，应当考虑转产周期和转产费。

操作要点如下。

1. 投资新生产线

(1) 生产总监

领取标识。在交易处申请新生产线标识，将标识翻转放置在某厂房空置的生产线位置，并在标识上面放置与该生产线安装周期期数相同的空桶，代表安装周期。

支付安装费。每个季度向财务总监申请建设资金，放置在其中的一个空桶内。每个空桶内都放置了建设资金，表明费用全部支付完毕，生产线在下一季度建设完成。在全部投资完成后的下一季度，将生产线标识翻转过来，领取产品标识，可以投入使用。

(2) 财务总监

支付生产线建设费。从现金库取出现金交给生产总监用于生产线的投资。

记录。在运营任务清单对应的方格内填上现金的减少数。

2. 变卖生产线

(1) 生产总监

变卖。生产线只能按残值变卖。变卖时，将生产线及其产品生产标识交还给交易处，并将生产线的净值从"价值"处取出，将等同于变卖的生产线的残值部分交给财务总监，相当于变卖收到的现金。

净值与残值差额的处理。如果生产线净值大于残值，则将净值大于残值的差额部分放在"综合费用"的"其他"处，表示出售生产线的净损失。

(2) 财务总监

收现金。将变卖生产线收到的现金放在现金库。

记录。在运营任务清单对应的方格内记录现金的增加数。

3. 生产线转产

(1) 生产总监

更换标识。持原产品标识在交易处更换新的产品生产标识，并将新的产品生产标识反扣在生产线的"产品标识"处，待该生产线转产期满可以生产产品时，再将该产品标识正面放置在"标识"处。

支付转产费。如果转产需要支付转产费，还应向财务总监申请转产费，将转产费放在"综合费用"的"转产费"处。

记录。正确完成以上全部操作后，在运营任务清单对应的方格内打"√"；如果不做上面的操作，则在运营任务清单对应的方格内打"×"。

(2) 财务总监

支付转产费。如果转产需要转产费，将现金交给生产总监。

记录。在运营任务清单对应的方格内登记支付转产费而导致的现金减少数。

(3) CEO

在监督生产总监正确完成以上操作后，在运营任务清单对应的方格内打"√"。如果不做上面的操作，则在运营任务清单对应的方格内打"×"。

(八) 向其他企业购买原材料/出售原材料

企业如果没有下原料订单，就不能购买材料。如果企业生产急需材料，又不能从交易处购买，就只能从其他企业购买。当然，如果企业有暂时多余的材料，也可以向其他企业出售，收回现金。

1. 向其他企业购买原材料

操作要点如下。

(1) 采购总监

谈判。在进行组间的原材料买卖时，首先双方要谈妥材料的交易价格，并采取一手交钱一手交货的方式进行交易。

购买原材料。本企业从其他企业处购买原材料，首先从财务总监处申请取得购买材料需要的现金，买进材料后，将材料放进原材料库。应当注意的是，材料的成本是企业从其他企业购买材料支付的价款，在计算产品成本时应按该成本作为领用材料的成本。

记录。在任务清单对应的方格内填上购入的原材料数量，并记录材料的实际成本。

(2) 财务总监

付款。将购买材料需要的现金交给采购总监。

记录。将购买原材料支付的现金数记录在任务清单对应的方格内。

2. 向其他企业出售原材料

操作要点如下。

(1) 采购总监

出售原材料。首先从原材料库取出原材料，收到对方支付的现金后将原材料交给购买方，并将现金交给财务总监。

记录。在任务清单对应的方格内填上因出售而减少的原材料数量。

(2) 财务总监

收现金。将出售材料收到的现金放进现金库。

交易收益的处理。如果出售原材料收到的现金超过购进原材料的成本，表示企业取得了交易收益，财务总监应当将该收益记录在利润表的"其他收入/支出"栏(为正数)。

记录。将出售原材料收到的现金数记录在任务清单对应的方格内。

(3) CEO

在监督采购总监和财务总监正确完成以上操作后，在运营任务清单对应的方格内打"√"。如果不做上面的操作，则在运营任务清单对应的方格内打"×"。

(九) 开始下一批生产

企业如果有闲置的生产线，尽量安排生产。因为闲置的生产线仍然需要支付设备维护费、计提折旧，企业只有生产产品，并将这些产品销售出去，这些固定费用才能得到弥补。

操作要点如下。

1. 生产总监

领用原材料。从采购总监处申请领取生产产品需要的原材料。

加工费。从财务总监处申请取得生产产品需要的加工费。

上线生产。将生产产品所需要的原材料和加工费放置在空桶中(一个空桶代表一个产品)，然后将这些空桶放置在空置的生产线上，表示开始投入产品生产。

记录。在任务清单对应的方格内登记投产产品的数量。

2. 财务总监

支付现金。审核生产总监提出的产品加工费申请后，将现金交给生产总监。

记录。在任务清单对应的方格内登记现金的减少数。

3. 采购总监

发放原材料。根据生产总监的申请，发放生产产品所需要的原材料。

记录。在运营任务清单对应的方格内登记生产领用原材料导致原材料的减少数。

4. CEO

在监督正确完成以上操作后，在任务清单对应的方格内打"√"。

(十) 更新应收款/应收款收现

沙盘企业中，企业销售产品一般收到的是"欠条"——应收款。每个季度，企业应将应收款向现金库方向推进一格，表示应收款账期的减少。当应收款被推进现金库时，表示应收款到期，企业应持应收款凭条到交易处领取现金。

操作要点如下。

1. 财务总监

更新应收款。将应收款往现金库方向推进一格。当应收款推进现金库时，表示应收款到期。

应收款收现。如果应收款到期，持"应收账款登记表"、任务清单和应收款凭条到交易处领回相应现金。

记录。在运营任务清单对应的方格内登记应收款到期收到的现金数。

2. CEO

在监督正确完成以上操作后，在运营任务清单对应的方格内打"√"。

(十一) 出售厂房

企业如果需要筹集资金，可以出售厂房。厂房按原值出售。出售厂房当期不能收到现金，只能收到一张4账期的应收款凭条。如果没有厂房，当期必须支付租金。

操作要点如下。

1. 生产总监

出售厂房。企业出售厂房时，将厂房价值拿到交易处，领回40M的应收款凭条，交给财务总监。

记录。在任务清单对应的方格内打"√"。

2. 财务总监

收到应收款凭条。将收到的应收款凭条放置在沙盘应收款的4Q处。

记录。在"应收账款登记表"上登记收到的应收款金额和账期，在任务清单对应的方格内打"√"。

3. CEO

在监督正确完成以上操作后，在任务清单对应的方格内打"√"。

(十二) 向其他企业购买成品/出售成品

企业参加产品订货会时，如果取得的销售订单超过了企业最大生产能力，当年不能按订单交货，则构成违约，按规则将受到严厉的惩罚。为此，企业可以从其他企业购买产品来交单。当然，如果企业有库存积压的产品，也可以向其他企业出售。

1. 向其他企业购买产品

操作要点如下。

(1) 营销总监

谈判。在进行组间的产品买卖时，首先双方要谈妥产品的交易价格，并采取一手交钱一手交货的交易方式进行交易。

购买。从财务总监处申请取得购买产品所需要的现金,买进产品后,将产品放置在对应的产品库。注意,购进的产品成本应当是购进时支付的价款,在计算产品销售成本时应当按该成本计算。

记录。在任务清单对应的方格内记录购入的产品数量。

(2) 财务总监

付款。根据营销总监的申请,审核后,支付购买材料需要的现金。

记录。将购买产品支付的现金数记录在运营任务清单对应的方格内。

2. 向其他企业出售产品

操作要点如下。

(1) 营销总监

出售。从产品库取出产品,从对方取得现金后将产品交给购买方,并将现金交给财务总监。

记录。由于出售导致产品的减少,所以,营销总监应在运营任务清单对应的方格内填上因出售而减少的产品数量。

(2) 财务总监

收到现金。将出售产品收到的现金放进现金库。

出售收益的处理。如果出售产品多收到了现金,即组间交易出售产品价格高于购进产品的成本,表示企业取得了交易收益,应当在编制利润表时将该收益记录在利润表的"其他收入/支出"栏(为正数)。

记录。将出售产品收到的现金数记录在任务清单对应的方格内。

(3) CEO

在监督营销总监和财务总监正确完成以上操作后,在运营任务清单对应的方格内打"√"。如果不做上面的操作,则在运营任务清单对应的方格内打"×"。

(十三) 按订单交货

企业只有将产品销售出去才能实现收入,也才能收回垫支的成本。产品生产出来后,企业应按销售订单交货。

操作要点如下。

1. 营销总监

销售。销售产品前,首先在"订单登记表"中登记销售订单的销售额,计算出销售成本和毛利之后,将销售订单和相应数量的产品拿到交易处销售。销售后,将收到的应收款凭条或现金交给财务总监。

记录。在完成上述操作后,在运营任务清单对应的方格内打"√"。如果不做上面的操作,则在任务清单对应的方格内打"×"。

2. 财务总监

收到销货款。如果销售取得的是应收款凭条，则将凭条放在应收款相应的账期处；如果取得的是现金，则将现金放进现金库。

记录。如果销售产品收到的是应收款凭条，在"应收账款登记表"上登记应收款的金额；如果收到的是现金，则在任务清单对应的方格内登记现金的增加数。

3. CEO

在监督营销总监和财务总监正确完成以上操作后，在运营任务清单对应的方格内打"√"。如果不做上面的操作，则在运营任务清单对应的方格内打"×"。

(十四) 产品研发投资

企业要研发新产品，必须投入研发费用。每季度的研发费用在季末一次性支付。当新产品研发完成，企业在下一季度可以投入生产。

操作要点如下。

1. 营销总监

研发投资。企业如果需要研发新产品，则从财务总监处申请取得研发所需要的现金，放置在产品研发对应位置的空桶内。如果产品研发投资完成，则从交易处领取相应产品的生产资格证放置在"生产资格"处。企业取得生产资格证后，从下一季度开始，可以生产该产品。

记录。在运营任务清单对应的方格内打"√"。

2. 财务总监

支付研发费。根据营销总监提出的申请，审核后，用现金支付。

记录。如果支付了研发费，则在运营任务清单对应的方格内登记现金的减少数。

3. CEO

在监督完成以上操作后，在运营任务清单对应的方格内打"√"。如果不做上面的操作，则在运营任务清单对应的方格内打"×"。

(十五) 支付行政管理费

企业在生产经营过程中会发生诸如办公费、人员工资等管理费用。沙盘企业中，行政管理费在每季度末一次性支付 1M，无论企业经营情况好坏、业务量多少，都是固定不变的，这是与实际工作的差异之处。

操作要点如下。

1. 财务总监

支付管理费。每季度从现金库中取出 1M 现金放置在综合费用的"管理费"处。

记录。在任务清单对应的方格内登记现金的减少数。

2. CEO

在监督完成以上操作后，在运营任务清单对应的方格内打"√"。

（十六）其他现金收支情况登记

企业在经营过程中可能会发生除上述外的其他现金收入或支出，企业应将这些现金收入或支出进行记录。

操作要点如下。

1. 财务总监

企业如果有其他现金增加和减少情况，则在运营任务清单对应的方格内登记现金的增加或减少数。

2. CEO

在监督完成以上操作后，在运营任务清单对应的方格内打"√"。如果不做上面的操作，则在任务清单对应的方格内打"×"。

（十七）季末盘点

每季度末，企业应对现金、原材料、在产品和产成品进行盘点，并将盘点的数额与账面结存数进行核对，如果账实相符，则将该数额填写在任务清单对应的方格内。如果账实不符，则找出原因后再按照实际数填写。

余额的计算公式为：

现金余额=季初余额+现金增加额-现金减少额
原材料库存余额=季初原材料库存数量+本期原材料增加数量-本期原材料减少数
在产品余额=季初在产品数量+本期在产品投产数量-本期完工产品数量
产成品余额=季初产成品数量+本期产成品完工数量-本期产成品销售数量

四、沙盘企业年末工作

企业日常经营活动结束后，年末进行各种账项的计算和结转，编制各种报表，计算当年的经营成果，反映当前的财务状况，并对当年经营情况进行分析总结。

（一）支付利息/更新长期贷款/申请长期贷款

企业为了发展，可能需要借入长期贷款。长期贷款主要是用于长期资产投资，比如购买生产线、产品研发等。沙盘企业中，长期贷款只能在每年年末进行，贷款期限在一年以上，每年年末付息一次，到期还本。本年借入的长期借款下年末支付利息。

操作要点如下。

1. 财务总监

支付利息。根据企业已经借入的长期借款计算本年应支付的利息，之后，从现金库中取出相应的利息放置在综合费用的"利息"处。

更新长期贷款。将长期借款往现金库推进一格，表示偿还期的缩短。如果长期借款已经被推至现金库中，表示长期借款到期，应持相应的现金和"贷款登记表"到交易处归还该借款。

申请长期贷款。持上年报表和"贷款申请表"到交易处，经交易处审核后发放贷款。收到贷款后，将现金放进现金库中；同时，放一个空桶在长期贷款对应的账期处，空桶内写一张注明贷款金额、账期和贷款时间的长期贷款凭条。如果长期贷款续贷，财务总监持上年报表和"贷款申请表"到交易处办理续贷手续。之后，同样放一个空桶在长期贷款对应的账期处，空桶内写一张注明贷款金额、账期和贷款时间的凭条。

记录。在任务清单对应的方格内登记因支付利息、归还本金导致的现金减少数，以及借入长期借款增加的现金数。

2. CEO

在监督财务总监完成以上操作后，在运营任务清单对应的方格内打"√"。如果不做上面的操作，则在运营任务清单对应的方格内打"×"。

(二) 支付设备维护费

设备使用过程中会发生磨损，要保证设备正常运转，就需要进行维护。设备维护会发生诸如材料费、人工费等维护费用。沙盘企业中，只有生产线需要支付维护费。年末，只要有生产线，无论是否生产，都应支付维护费。尚未安装完工的生产线不支付维护费。设备维护费每年年末用现金一次性集中支付。

操作要点如下。

1. 财务总监

支付维护费。根据期末现有完工的生产线支付设备维护费。支付设备维护费时，从现金库中取出现金放在综合费用的"维护费"处。

记录。在任务清单对应的方格内登记现金的减少数。

2. CEO

在监督财务总监完成以上操作后，在运营任务清单对应的方格内打"√"。

(三) 支付租金/购买厂房

企业要生产产品，必须要有厂房。厂房可以购买，也可以租用。年末，企业如果使用没有购买的厂房，则必须支付租金；如果不支付租金，则必须购买。

操作要点如下。

1. 财务总监

支付租金。从现金库中取出现金放在综合费用的"租金"处。

购买厂房。从现金库中取出购买厂房的现金放在厂房的"价值"处。

记录。在任务清单对应的方格内登记支付租金或购买厂房减少的现金数。

2. CEO

在监督财务总监完成以上操作后，在运营任务清单对应的方格内打"√"。如果不做上面的操作，则在运营任务清单对应的方格内打"×"。

(四) 计提折旧

固定资产在使用过程中会发生损耗，导致价值降低，应对固定资产计提折旧。沙盘企业中，固定资产计提折旧的时间、范围和方法可以与实际工作一致，也可以采用简化的方法。沙盘规则采用了简化的处理方法，与实际工作有一些差异。这些差异主要表现在：折旧在每年年末计提一次，计提折旧的范围仅仅限于生产线，折旧的方法采用直线法取整计算。在会计处理上，折旧费全部作为当期的期间费用，没有计入产品成本。

操作要点如下。

1. 财务总监

计提折旧。根据规则对生产线计提折旧。计提折旧时，根据计算的折旧额从生产线的"价值"处取出相应的金额放置在综合费用旁的"折旧"处。

记录。在运营任务清单对应的方格内登记折旧的金额。注意，在计算现金支出时，折旧不能计算在内，因为折旧并没有减少现金。

2. CEO

在监督财务总监完成以上操作后，在运营任务清单对应的方格内打"√"。

(五) 新市场开拓/ISO 资格认证投资

企业要扩大产品的销路必须开发新市场。不同的市场开拓所需要的时间和费用是不相同的。同时，有的市场对产品有 ISO 资格认证要求，企业需要进行 ISO 资格认证投资。沙盘企业中，每年开拓市场和 ISO 资格认证的费用在年末一次性支付，计入当期的综合费用。

操作要点如下。

1. 营销总监

新市场开拓。从财务总监处申请开拓市场所需要的现金，放置在沙盘所开拓市场对应的位置。当市场开拓完成，年末持开拓市场的费用到交易处领取"市场准入"的标识，放置在对应市场的位置上。

ISO 资格认证投资。从财务总监处申请 ISO 资格认证所需要的现金，放置在 ISO 资格认证对应的位置。当认证完成，年末持认证投资的费用到交易处领取"ISO 资格认证"标识，放置在沙盘对应的位置。

记录。进行了市场开拓或 ISO 认证投资后，在运营任务清单对应的方格内打"√"，否则，打"×"。

2. 财务总监

支付费用。根据营销总监的申请，审核后，将市场开拓和 ISO 资格认证所需要的现金支付给营销总监。

记录。在任务清单对应的方格内记录现金的减少数。

3. CEO

在监督营销总监和财务总监完成以上操作后，在运营任务清单对应的方格内打"√"。

(六) 编制报表

沙盘企业每年的经营结束后，应当编制相关会计报表，及时反映当年的财务和经营情况。在沙盘企业中，主要编制产品核算统计表、综合费用计算表、利润表和资产负债表。

1. 产品核算统计表

产品核算统计表(格式见表 3-4)是核算企业在经营期间销售各种产品情况的报表，它可以反映企业在某一经营期间产品销售数量、销售收入、产品销售成本和毛利情况，是编制利润表的依据之一。

产品核算统计表是企业根据企业实际销售情况编制的，其数据来源于"订单登记表"(格式见表 3-5)，企业在取得销售订单后，营销总监应及时登记订单情况，当产品实现销售后，应及时登记产品销售的销售额、销售成本，并计算该产品的毛利。年末，企业经营结束后，营销总监根据订单登记表，分产品汇总各种产品的销售数量、销售额、销售成本和毛利，并将汇总结果填列在"产品核算统计表"中。

表 3-4　产品核算统计表

	P1	P2	P3	P4	合计
数量					
销售额					
成本					
毛利					

表 3-5　订单登记表

订单号										合计
市场										
产品										
数量										
账期										
销售额										
成本										
毛利										
未售										

之后，营销总监将"产品核算统计表"交给财务总监，财务总监根据"产品核算统计表"中汇总的数据，登记利润表中的"销售收入"、"直接成本"和"毛利"栏。

2. 综合费用计算表

综合费用计算表(详细格式见表 3-6)是综合反映在经营期间发生的各种除产品生产成本、财务费用外的其他费用。根据沙盘上的"综合费用"处的支出进行填写。

表 3-6　综合费用明细表

单位：百万

项目	金额	备注
管理费		
广告费		
保养费		
租　金		
转产费		
市场准入开拓		□区域　　□国内　　□亚洲　　□国际
ISO 资格认证		□ISO 9000　　　□ISO 14000
产品研发		P2(　　)　　P3(　　)　　P4(　　)
其　他		
合　计		

综合费用计算表的填制方法如下：

- "管理费"项目根据企业当年支付的行政管理费填列。企业每季度支付 1M 的行政管理费，全年共支付行政管理费 4M。
- "广告费"项目根据企业当年年初的"广告登记表"中填列的广告费填列。
- "设备保养费"项目根据企业实际支付的生产线保养费填列。根据规则，只要生产线建设完工，不论是否生产，都应当支付保养费。
- "租金"项目根据企业支付的厂房租金填列。

- "转产费"根据企业生产线转产支付的转产费填列。
- "市场准入开拓"根据企业本年开发市场支付的开发费填列。为了明确开拓的市场，需要在"备注"栏本年开拓的市场前划"√"。
- "ISO 资格认证"项目根据企业本年 ISO 认证开发支付的开发费填列。为了明确认证的种类，需要在"备注"栏本年认证的名称前划"√"。
- "产品研发"项目根据本年企业研发产品支付的研发费填列。为了明确产品研发的品种，应在"备注"栏产品的名称前划"√"。
- "其他"项目主要根据企业发生的其他支出填列，例如，出售生产线净值大于残值的部分等。

3. 利润表

利润表(格式见表 3-7)是反映企业一定期间经营状况的会计报表。利润表把一定期间内的营业收入与其同一期间相关的成本费用相配比，从而计算出企业一定时期的利润。通过编制利润表，可以反映企业生产经营的收益情况和成本耗费情况，表明企业生产经营成果。同时，通过利润表提供的不同时期的比较数字，可以分析企业利润的发展趋势和获利能力。

表 3-7 利润表

项目	上年数	本年数
销售收入		
直接成本		
毛利		
综合费用		
折旧前利润		
折旧		
支付利息前利润		
财务收入/支出		
其他收入/支出		
税前利润		
所得税		
净利润		

利润表的编制方法如下：

- 利润表中"上年数"栏反映各项目的上年的实际发生数，根据上年利润表的"本年数"填列。利润表中"本年数"栏反映各项目本年的实际发生数，根据本年实际发生额的合计填列。
- "销售收入"项目反映企业销售产品取得的收入总额。本项目应根据"产品核算统计表"填列。
- "直接成本"项目反映企业本年已经销售产品的实际成本。本项目应根据"产品核算统计表"填列。

- "毛利"项目反映企业销售产品实现的毛利。本项目是根据销售收入减去直接成本后的余额填列。
- "综合费用"项目反映企业本年发生的综合费用，根据"综合费用表"的合计数填列。
- "折旧前利润"项目反映企业在计提折旧前的利润，根据毛利减去综合费用后的余额填列。
- "折旧"反映企业当年计提的折旧额，根据当期计提的折旧额填列。
- "支付利息前的利润"项目反映企业支付利息前实现的利润，根据折旧前利润减去折旧后的余额填列。
- "财务收入/支出"项目反映企业本年发生的财务收入或者财务支出，比如借款利息、贴息等。本项目根据沙盘上的"利息"填列。
- "其他收入/支出"项目反映企业其他业务形成的收入或者支出，比如出租厂房取得的收入等。
- "税前利润"项目反映企业本年实现的利润总额。本项目根据支付利息前的利润加财务收入减去财务支出，再加上其他收入减去其他支出后的余额填列。
- "所得税"项目反映企业本年应缴纳的所得税费用，本项目根据税前利润除以 3 取整后的数额填列。
- "净利润"项目反映企业本年实现的净利润，本项目根据税前利润减去所得税后的余额填列。

4. 资产负债表

资产负债表(格式见表 3-8)是反映企业某一特定日期财务状况的会计报表。它是根据"资产=负债+所有者权益"的会计等式编制的。

从资产负债表的结构可以看出，资产负债表由期初数和期末数两个栏目组成。资产负债表的"期初数"栏各项目数字应根据上年末资产负债表"期末数"栏内所列数字填列。

资产负债表的"期末数"栏各项目主要是根据有关项目期末余额资料编制，其数据的来源主要通过以下几种方式取得：

- 资产类项目主要根据沙盘盘面的资产状况通过盘点后的实际金额填列。
- 负债类项目中的"长期负债"和"短期负债"根据沙盘上的长期借款和短期借款数额填列，如果有将于一年内到期的长期负债，应单独反映。
- "应交税金"项目根据企业本年"利润表"中的"所得税"项目的金额填列。
- "所有者权益类"中的股东权益项目，如果本年股东没有增资的情况下，直接根据上年末"利润表"中的"股东资本"项目填列，如果发生了增资，则为上年末的股东资本加上本年增资的资本。
- "利润留存"项目根据上年利润表中的"利润留存"和"年度净利"两个项目的合计数填列。
- "年度净利"项目根据"利润表"中的"净利润"项目填列。

表 3-8 资产负债表

资产	期初数	期末数	负债和所有者权益	期初数	期末数
流动资产：			负债：		
现金			长期负债		
应收款			短期负债		
在制品			应付账款		
成品			应交税金		
原料			一年内到期的长期负债		
流动资产合计			负债合计		
固定资产：			所有者权益：		
土地和建筑			股东资本		
机器与设备			利润留存		
在建工程			年度净利		
固定资产合计			所有者权益合计		
资产总计			负债和所有者权益总计		

(七) 结账

一年经营结束，年终要进行一次"盘点"，编制"综合管理费用明细表"、"资产负债表"和"利润表"。一经结账后，本年度的经营也就结束了，本年度所有的经营数据不能随意更改。结账后，在运营任务清单对应的方格内打"√"。

(八) 反思与总结

经营结束后，CEO 应召集团队成员对当年的经营情况进行分析，分析决策的成功与失误，及经营的得与失，分析实际与计划的偏差及其原因等。记住：用心总结，用笔记录。沙盘模拟是训练思维的过程同时也应该成为锻炼动手能力的过程。

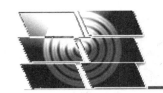

第四章
比赛经验与技巧

一、沙盘技巧

ERP 沙盘模拟的技巧可以从市场、产品、广告、战略、资金和生产线 6 个角度介绍。

(一) 市场角度

本地市场，兵家开局必争之地。前 3 年 P1、P2 产品价格上涨，第 4 年之后价格下滑。前 3 年可以为后期积累大量的基金，缓解贷款高利息所带来的压力，中后期可以持续经营。积压产品对前期基金短缺发展非常不利，市场老大不是"1=1"的关系，而是"1=1+1"的关系，一次广告争夺成功=两次主动占据市场龙头。

区域市场，开发期短，市场需求量大，3 年后价格明显下滑，可以在前 3 年赚取足够利润后第 4 年退出。

国内市场，该市场的成型时期与 P3 产品的开始期极其接近，也正是 P2 产品的成熟期，此市场利润很大(相对 P2 与 P3 产品来说)。

亚洲市场，开发期长，P3 产品的成熟期，有 ISO 认证要求，但是利润远远大于申请认证所花费的资金。此年可以放弃区域市场的争夺而转向亚洲市场。

国际市场，P2、P3、P4 产品的价格平凡，但是 P1 产品的价格极大限度地回升，要想争此市场，至少要留 1 条 P1 生产线。

(二) 产品角度

P1 产品，成本低，前期需求大。因为无须研制，所以前两年无疑就是 P1 产品的争夺战。主要销往本地、区域和国际 3 个市场。

P2 产品，成本不高，需求量稳定，材料补充快，研制周期短，倘若第一年本地市场老大位置没争夺到，可以利用提前开拓 P2 产品来争取区域市场老大的位置。在第 3 年之后，可以由 P2 向 P3 转移继而争夺国内甚至亚洲老大的位置。

P3 产品，利润高，研发成本高，可以作为后期压制对手与其翻盘的一把利剑，建议在第3年后主要生产 P3 产品来压制科技慢的企业。可以说谁控制了 P3 市场谁就能控制国内与亚洲市场。

P4 产品，研发成本高，研发周期长，虽然说利润不菲，但是要求高，可销售时间不长，只有 2~3 年销售期，一般不建议研制 P4 产品。

(三) 广告角度

想把商品卖出去必须抢到单子，小打广告小卖产品所得利润只能填补广告费与运营费用，但是贷款的利息逐年扣除，为了维护自己的权益，必须适量销售产品。

至于广告费的多少可以从多角度考虑：如果观察到对方放弃大量产品的生产而在拼命攀科技的时候，广告费不宜过大；如果发现各企业都大量积货时，可以避其锋芒保单即可，也可以大胆压制，消耗对方的广告费，哪怕比第 2 名多投 5M，利润不在于所赚的毛利有多少，而在于与对手拉开的差距有多远，压制是一种保本且逼迫对手急躁犯错的战术。

(四) 战略角度

ERP 里有多种经济战略，合适灵活的战术往往是持续发展的灵魂，下面介绍几种常见战术：

- 压制型，顾名思义，压制对手，从开场做起，最大限度地利用权益贷款，封锁本地市场最大利润销售线，利用长期+短期贷款大力发展生产与高科技路线，给每一个市场都施加巨大压力，当对手气喘不过来也开始贷款时，利用他们的过渡期可以一举控制两个以上的市场，继续封锁销售路线，逼迫对手无法偿还高息而走向破产。此战术不可做任何保留，短长期双向贷款为的就是广告+科技+市场+生产线能最早成型，走此路线建议一定要争取第 1 和第 2 年的市场老大，巨额贷款的利息让人汗颜，无法控制市场取得最大销售量就等于自杀。

- 跟随型，这种企业只有一个目的——不破产。等机会在竞争激烈化后收拾残场，这样的企业一般不会破产，也不会拿到第一。首先在产能上要努力跟随前两者的开发节奏，同时内部努力降低成本，在每次新市场开辟时均采用低广告策略，规避风险，稳健经营，在双方两败俱伤时立即占领市场。此策略的关键是：第一，在于一个稳字，即经营过程中一切按部就班，广告投入，产能扩大都是循序渐进，逐步实现，稳扎稳打；第二，要利用好时机，因为时机是稍纵即逝的，对对手一定要仔细分析。

- 保守型，前 4~5 年保住自己的权益不降，不贷款，小量生产，到最后一年全额贷款，开设多条生产线，购买厂房，把分数最大化。

- 忍辱负重型，这样的企业有多种分歧，有的在前期被压马上贷款转型，占据新开发的市场来翻盘；有的只研制 P1 产品，尽量省钱在国际市场开放后一鼓作气垄断 P1 市场争取最大销售额；有的直接跳过 P2 产品的研制，从 P1 到 P3 转型，用新产品抢新市场份额；更有甚者忍 3 年，后期用纯 P4 产品占取市场最大毛利翻盘。这样的企业在前两年举动十分明显：不发展新产品但增加生产线，或者不抢市场份额而利用贷款增加生产线走高科技路线，此时便要时刻留意他们的发展，因为他们远比光明争夺市场的人更具威胁性，必须要在他们爆发的那个时期控制住他们。

(五) 资金角度

资金是企业运行的血脉，在权益下降时适时贷款是一个企业发展的必要决策。

(1) 如果企业在第一年的第一季度短期贷款，则要在第二年的第一季度还本付息。如果所有者权益允许，则还可续借短贷，但要支付利息。如果是企业能力允许的情况下，短期贷款也可提前还款，同时支付利息。

(2) 企业要充分利用短期贷款的灵活性，根据企业资金的需要，分期贷款，这样可以减轻企业的还款压力。

(3) 长期贷款或短期贷款在每次还款时，都要先看贷款额度。

(4) 申请贷款时，要注意一点：所有者权益×2=A，则：长贷<=A，短贷<=A。

长期贷款和短期贷款是分开算利息的，短期贷款的利息低，可是一个企业要有所突破，光靠短期贷款根本无法维持，最好的方法就是长短贷相结合。贴息可以缓解经济压力，开始贴息换来的代价就是权益的下降，具有双面性。

(六) 生产线角度

想占取大面积市场份额必须能销售大量的产品，没有坚固的生产线根本无法与对手竞争，即使有单也未必敢接，造成了毁约更是得不偿失。

手工生产线灵活性强，但是产率低，同样一年1M的维护费用，但是产率远远不及其他生产线。转产灵活与折旧费低是它的优势。

半自动生产线产率比手工生产线高，但是不及全自动与柔性线，转产周期限制了它的灵活性，相对来说，是前两年比较实用的生产线。

全自动生产线产率是最高的，折旧费用适中，即使产率最大化，也让自身效益保持稳定耗损。唯一不足的就是灵活性差，转产周期长，不建议转产，可用到最后。停产半年所造成的损失远比转产后所取得的经济效益大。

柔性生产线是最灵活，产率最高的生产线。缺点是折旧率高，不建议多建设，准备一条转产备用即可。

为使效益最大化和权益最优化，全自动生产线是不二之选，因为折旧率直接和权益挂钩，产率和分值是和柔性线相等的，实为竞争利刃。

二、沙盘战略(一)

初次 ERP 沙盘模拟对抗后需要整合要素分析。从我的角度看，需要整合的要素并不是很多，从开源的角度考虑，为增加营业收入，我们要开拓新的市场，抢到更多的市场订单，那就要开发新的产品，满足新市场的需求，所以，就要加快研发费用的投入。而若想干大事业，预计的花费就多，那就要考虑节流的问题了，若收入还没拿回来，钱就如流水一样花是不可行的。银行贷款、广告费、财务费用、维修费用这些可变的和不可变的投入要怎样计划呢？我们常常不去做整合分析，却有许多错误的认识，下面是我总结的错误认识产生的原因。

(一) 产能领先制胜

若想产能领先别人，就要扩大生产能力，投资新的生产线。为了减少生产周期就会对原有手工生产线进行变卖，转向投资全自动或是柔性生产线(生产线产能比较见附录 1)。生产能力提高后可以充分满足市场订单的需要，在会计年度顺利生产出所需求的产品，实现销售收入的扩大。然而以产能控制市场，是更多经营者能够在第一时间想到的胜出方案，那么也就是说更多的参赛人员首先意识到争取资本增加的最好的方法是来自大量的市场订单，销售额的扩大会使自己的企业顺利扩大规模，最后胜出。但是虚拟的市场环境同现实的市场环境不一样，现实中消费者的购买量是有限的，想把产出变成实际的资金回笼还需开拓更多的市场。这样就造成投入与产出的矛盾，因为市场开拓是需要时间和费用的，过早扩大生产线，提高产能在销售环节上造成失误，不能顺利变现，只能造成库存的积压，从而增加整个企业的资金压力，再者先期能扩大生产线的资金来自银行的贷款，如此会产生大量的财务费用，加上生产线的维修费用和生产线的折旧费用，每年将使企业很难盈利。考虑不周的结果是企业将错失好的机会。

(二) 保权益胜出法

激进失败的队员都认为在企业的长贷问题上很难判断，按上面的分析参赛队会对贷款和贴现产生疑问，特别是作为财务总监非常清楚每年的利息和长贷到期时，还本付息的压力是企业的一大难关。根据规则经营的虚拟企业同现实的企业一样，只要能满足贷款的要求，就会得到银行的贷款。但是银行就是一个只重视自身利益的商业伙伴，当企业将近破产，尽力去维持权益时，银行不会考虑它未来的偿还能力；企业已濒临绝境，银行也决不会相信企业能雄风再起来出手相助的，而且要企业偿还利息和到期的本金，一分也不能少，如果企业失去了这份能力，则其就会向各商家和公众宣布你的企业破产了，那么为减少企业的财务费用而保权益的方案也会在比赛中出现。然而企业经营的目标是创造利润，这样的企业让人感到是日薄西山，没有生机。若能胜出则是在等待各家突飞猛进的企业在冒进中"身受重伤"时抓住的机会，但这种可能性的发生纯粹是种偶然，等待在别人的失误中找机会的经营方案不能算作是卓越的方案。反过来我们可以这样看，在保权益时，最好的做法是减少企业新产品的研发、新市场的开拓、避免以负债建设生产线的形式。从企业发展角度说，只能证明这个企业的发展潜力不足，或是资金利用率很低，如此，机会就算摆在眼前能够抓住的有多少呢？产出能力太低，明显的后劲不足，禁不起对手的打压，其实风险更大。

(三) 先入为主的广告策略

企业要想占领先机，抢占市场老大，就要打广告，广告的投入在各个未曾交过手的商家之间是个强烈的博弈过程。在此最适合生存的决策一定不是先入为主，因为最为关键的是，打江山容易，守江山难，不惜代价打下的江山还需要守住、守好，使它成为自己生存之本，这不是件容易的事，商家都会对利润丰厚的市场虎视眈眈，不容一家坐享其成的，随时都会遇到生存发展的拦路虎。刚开始靠大投入广告做市场的，很想降低下一年的广告投入，此时产品开发和生产线投资不到位，过早引来更多对手的攻击，也会在市场维护上大伤脑筋，最不想发生的前功尽弃之事，却屡次发生。

三、沙盘战略(二)

如何把握 ERP(企业资源计划)的真正时机？

企业资源计划是说在企业资源有限的情况下，如何去整合企业可利用的资源，使之在提高企业竞争力的同时，也使企业的收益最大化。在用友 ERP 沙盘对抗赛中经营的虚拟企业中做好资源计划，就需要对企业的整体资源做出长远的计划。如此在财务方面一定要做好现金预测，这对 CFO 及其助理提出了更高的要求。CFO 需要做好企业资源计划，是基于战略发展的需要，战略方向确定后，CFO 就要开始这一工作。那么如何做好战略这一基础工作呢？不能凭 CEO 拍胸脯、敲大腿的决定去做的。

(一) 以销定产再以产定销

以销定产再以产定销就是选择主要想进入的市场匹配相应的产品组合，再投入相应的生产线。

每个市场有它独特的产品需要，比如区域市场从第三年开始最偏爱的是 P4 产品，只要它与其他任何两种产品相配合就可以稳定市场老大的地位了。因为 P4 产品的研发费用高，回收期长，所以大多数公司资金不能支持开发 P4 产品。由于产品研发的周期(6Q)大于生产线投资建设的周期，所以若投资全自动生产线(4Q)可以在产品研发第三周期开始，在同一季度同时投资完成。这样生产线和 P4 产品的研发费用会在第二年内完成，资金将充沛利用，尽管企业遇到巨大的资金压力，但未来企业的竞争力是很强的。

很多参赛队在生产线投资时倾向于柔性生产线没有转产周期和费用，而不去投资全自动生产线。但是一条柔性比全自动多投入 8M，并不是个小数目，几乎需要 4 个 P1 产品或 2.5 个 P2

产品或 2 个 P3 产品(P4 产品)的毛利实现。在此参赛队必须清晰规划自己的战略组合，市场定位一定要清晰，深入分析这个市场中的需求量，最终确定自己的产品组合，再进行生产组合的分析和决策，才会做得更好。

如果把所有的产品都开发了，想拿所有产品的最大销售订单，是不现实的，即使做到了，广告投入也非常大。

产品组合确定了，生产能力也能满足市场的预测了，接下来就看销售总监市场上临阵的本领了。

(二) 能否搜集到必要且准确的市场信息是企业战略制定和执行的关键

尽管竞争对手很多都身受竞争环境的困扰不得解脱，但没有想经营破产的企业。每一家企业都在尽量搜集自己能掌握的信息，并对自己所掌握的信息进行筛选，再做对手的现实战略分析和未来发展方向的判断。所以当各家都认识到经营企业不是闭门造车时，都想看别人是怎么造"车"的，也都想保持自己的秘密战略，能遮掩的操作就不让对手看到，就算经营的是正规的财务公开的大企业，遮掩也并不违规，财务公开在年末，等年底真的糊弄了对手，让对手做出了错误的判断，自己就是一场胜利。所以做好这门工作，不是件容易的事，需要掌握最新的市场信息，把握竞争对手非常细微的动作。比如在年末公布企业经营情况时，就要把竞争对手的在建工程及产品原材料订单等数据及时抓住，这样就会对下一年对手期初用哪条生产线生产哪种产品做出判断，从而可尽量避免与对手在下年初同一市场上广告的拼杀。在模拟的场景中，每个市场的需求量是不变的，不断变化的是满足需求时各家的最终决策。每一项决策的最终拍板并不像赌徒把钱压在"宝"上一样，若那样，付出的代价太大，认识到代价惨重时，后悔也来不及了。所以"宝"还是要压的，但胜算不是50%，而是要有90%的把握。

我们以 2006 年"用友杯"全国总决赛第二赛场第二年为例。当时各家企业在第一年广告投入都很小，本地市场老大被 J 公司 7M 广告投入拿走。第一年本地广告没有比拼却有 6 家公司在第二年回头来抢本地市场老大，广告投入很大，J 公司没能守住市场，这么多家公司"关照"他的市场，而不去竞争区域市场，这种特别的"关照"可以看出那 6 家公司的决策似乎如出一辙，从中可想而知 J 公司信息保守得很不好，信息搜集的也非常不好。

(三) 做好团队管理是管理团队成功的基础

没有完美的个人，却有优秀的个人，因为优秀的个人才有完美的团队。实现团队协作是参赛团队所追求的目标，然而这一目标远非说和想那样轻松。团队成员的默契若想在短时间内实现，就要在不断的冲突中充分用实践去证明自己的观点是禁得起考验的。假设财务经理对生产总监和市场总监以及采购总监的行为不做出判断，当他们需要费用时就给，情况很快就会严峻起来，从中也可以说当此种情况发生时更多是其他部门对严峻未来的慎重思考所致。ERP 更多的是教我们如何去做企业资源的计划，而不是想通过某种侥幸获得意外的收益。我想我们参加沙盘模拟取消组权交易，更多的是想大家做好本企业的资源规划和团队管理，这样才有基础做好基础课的反思与回顾，让我们从曾经或将要学的知识中受益，使我们真正成为知识的使用者和受益者。

四、沙盘战略(三)

为期两天的 ERP 沙盘模拟结束了，尽管时间不长，但使我在专业知识，体系构架理性认识的基础上，更多地对企业经营管理的感性知识层面有了深切的体会。简单总结如下。

(一) 在犯错中学习

中国有句古语叫"一将功成万骨枯"，这句话除了对战争残酷性的批判之外，还揭示了一个更加深刻的管理学问题，那就是完全依靠管理实践在实战中培养管理者，其代价是极其惨重的，任何组织和个人都难以承受如此巨大的培养成本。战场上的火线历练固然可以培养攻无不克的将军，大范围的岗位轮换也是培养经营型管理人才的有效方法，但这些方法同样会使组织付出高昂的培养成本，承受极大的失败风险。

但是在沙盘模拟训练中，我认为多犯错收获更大。不管你犯了多少低级可笑的错误，暴露了多少自身存在的缺点，有多少决策和执行的失误，都不会给企业造成任何实际的经济损失。但是模拟经营中那些痛苦的教训和失败的经历却能令我们在特定的竞争环境下与实战相比有更深切并且具体的体会。

(二) 构建战略思维

原以为战略思维只是一个企业的 CEO 指定的企业发展方向，是一个很概括且不好度量的概念，通过学习我看到战略思维是从始至终都应该在组织成员的意识和行动上有所把握，即从整体上来思考问题，远比各管一摊有效率得多。

另外，如何建立一个企业的战略也是一个相当重要的问题，不可以有被无视企业长期发展的"当期"意识制约管理者战略纵深思维的形成，而对企业持续发展和长期利益构成直接伤害。现代优秀的职业经理人必须树立基于现实的未来意识，因为只有这样中国的管理者才能走出势利与卑微，才能回归责任与诚信，管理者的价值才能得以体现，中国的企业才能持续发展、走向未来。

沙盘模拟培训的设计思路充分体现了企业发展必然遵循的历史与逻辑的关系，从企业的诞生到企业的发展壮大都取决于战略的设定。要求管理团队必须在谋求当期的现实利益基础之上做出为将来发展负责的决策。通过学习，让我深刻体会到了现实与未来的因果关系，管理者必须要承担的历史责任，学习运用长期的战略思想制定和评价企业决策，而且必须有诚信的职业操守。

(三) 受用于群体决策

一个组织是否成熟，明显的标志就是看它有没有能力形成并运用组织的智慧。沟通、协作和群体意识在未来企业竞争中的作用越来越被有远见的组织所关注。中国企业更是迫切需要走出独断决策的传统误区，因为我们聆听过太多能人的成功史，感染了过分浓重的企业英雄主义情结。在昔日的英雄们一次一次地上演着同一出悲壮的"霸王别姬"和愚蠢的承诺升级的今天，结论已经显而易见：仅仅依靠特殊资源构建竞争优势的老路已经走到了尽头，企业的竞争越来越趋向于组织整体智慧的较量。

我组成员在这一点上占据了很大的优势，最后优秀成绩的取得在很大程度上归功于我们的群体决策。在巨大的竞争压力和时间压力下，要想取胜就必须快速建设能力超群的高效团队，形成团队个体之间的优势互补，运用团队智慧，对环境变化做出准确的判断和正确的决策。在没有经验的一群人中，如果只按照自己分内的职责做事，不情愿别人插手的做法，无疑是很狭隘并且没有发展前途的。

在这个过程中，我只是个小小的营销助理，但我相信在这个团队中我发挥了很重要的作用，除了不多的一些意见没有被采纳外，其他都被证明是很明智的决策。说明运用积极的沟通技巧，发挥影响力，培养成员之间的信任，在团队协作中是很有效的。

(四) 总结

随着中国市场经济的快速发展，全球经济一体化进程的加快，具有网络化、数字化、信息化三大特征的知识经济时代已款款而至，企业的管理思想和管理手段也在不断变革，具备先进管理理念和作用的 ERP 已被越来越多的企业所认同和接受，其成功的信息集成、市场预测、统筹分析、全面质量管理和成本管理、项目管理等作用已经初步凸现出来了。通过 ERP 沙盘模拟实验使我深切地感受到现代企业若想做强做大，必须将企业各种资源进行合理有效的利用和规划，即实施企业的 ERP。

比赛刚刚过去几天，没能往下走，有各种各样的原因，但我不认为我们的实力很差。这个比赛现在虽然只有一届，但一定会越来越火，名气会越来越大，总有一天会成为中国的 GMC。比赛很专业，是企业管理方面的，网上的资料非常少，有也只是一些肤浅得很的感想，我虽然进不了全国大赛，但更不想自己的辛苦思考白费。我一直是支持资源共享的，如果能对别人有点启发，这些成果也算多少有点用处。

简单地说，先从总体战略说起，最后的评分方法虽说是各种其他资源状况的权重再乘以所有者权益，但其他只是一个锦上添花的作用，能不能得高分还是要看你的所有者权益够不够多，所以你选用什么样的战略，判断标准只有一个——所有者权益估计出来的值，我建议，超过 100M 的才是可考虑的战略，因为这个游戏是个博弈，如果有人盈利就一定有人亏损，你赚到 100M 以上，别人基本上就没有机会追上你了，除非有 2 个以上的组做的太差最后权益都低于 40M。所有战略的出发点都是这个游戏的规矩，所以一定要吃透规则，最大限度地利用规则。

例如，计提折旧，如果第一年要上全自动或柔性生产线，你要什么时候开始投资，产品的开发周期是 6Q，你第一年第一季就投的话，有 2Q 什么都干不了，还要多提一年的折旧，这样的生产线要分成 2 年投，在第一年 3Q 投，到第二年 3Q 开始用，第二年还是在建工程，不提折旧，这样就少提了 1 年的折旧，而且因为第一年能赚的钱有限，拿到最大单毛利才 22M，所以第一年应该尽量减少支出，把折旧往后几年推，并借长期贷款，为前 3 年的现金流做保证。这也是为了防止以后几年权益越来越少，反倒借不了款，60M 应该是比较稳健的，短期贷款不建议多用，因为按照规则规定的顺序，你要是期期都有短期贷款，是必须先还才能再借的，也就是要求每期的现金流都要保证在 20M 以上，这实际上是一种负担，要借也最好避开年初和年末的 2 期，更不要一期借 40M，现金会断流的。说到财务方面，现金流是无论如何都不能断的，但小投入只有小回报，高投入高风险但回报也高，大家要放开胆子，钱是赚出来的，不是省出来的，实在不行还有高利贷，还可以卖厂房，只要你能赚钱，这些费用不算什么，厂房最后可以再买回来，也可以把小厂房买下来。我们组在很困难的情况下，卖了厂房，借了 40M 的高利贷，最后的权益还能达到 111M，而且我们最后开了 6 条全自动线，生产能力是最强的。这些就要你能生产，能卖得出去。生产什么？卖什么？这要看市场预测的功夫了。

市场预测，先讲最大单，数量应是市场总量的三分之一，第二大单比最大单数量一般少 2 个；然后讲带 ISO 认证要求的，第四年有这个要求的订单数量为 1～2 个，第五年的数量为总的订单数的大概二分之一，第六年就要占到 80%了，所以这 2 个认证很重要，能早出就早出，或许就能多拿到一张订单。在总结出每种产品每年每个市场最大单数量及毛利的情况之后，以上的问题就一目了然了，总的来说是多产品单市场战略，绝对不能做单产品多市场的战略，因为市场老大这个规则非常有影响力，第一年要多下广告，一定要抢下本地市场老大的位置，因为本地市场无论是什么产品价格都很高，与它一样的还有亚洲市场，这 2 个市场对于 P2、P3 产品来说更是这样，数量大，价格高，拿第一的保证，P1 价格逐渐走低，后期只有一个国际市场有的赚，而 P2、P3 才是赚钱的主力，后期更是要狂暴 P3，多卖一个 P3，就多 5M 的毛利，而 P4 发展空间太小，起不到什么作用，费用还高，就不要开发的好。第二年就要出 P2、P3 产品，各位就要好好考虑怎样安排生产线。是本地老大就要保持，不是就要用这 2 个认证来抢。

说到这里，就要说生产安排的问题了，各种生产线对各产品的投资回收期：P1 全自动最短，P2 半自动和全自动差不多，P3 半自动最短，全自动其次。按综合的投资收益率来看，全自动的投入产出比是最好的，也就是说，全自动效率最高。上生产线要全自动的就好，但其柔性折旧太高。运营总监要把每年有多少产品做好，并告知营销总监，这样他拿单子才有准，最后一年一定要做到零库存、零原料，生产线宁可停产也没关系。

最后再说一个比较偏门的方法，但实现起来挺难的，那就是结盟。具体来说，你投本地和区域市场的广告，你的同盟者也这样做，但重点不同，你重点投在本地，你的伙伴在区域，拿完订单后，交换订单，他把本地的给你，你把区域的给他，这样就优势互补了。一个市场最少可以保证拿到 2 张订单，投入也要少一些，可合作来抢市场的老大，或保持老大地位，但因为现在是网络上进行比赛，所以交流很成问题，这绝对是个好办法但实现有困难，就看各位 CEO 的本事了。

CEO一定要做到心里有数，顾全大局，不逞一时之勇，从长计议，更要坚定团结众人的信心，这些话听起来是很俗，但实际就是这样。第3、4年的权益不要亏到40M以下，借不了款会很危险，但如果已经这样了，要么就拼死一搏，需要卖厂房的就卖，高利贷也要借，要么就走低位，不要第一的成绩，别破产就好，小赚稳步前进。

五、沙盘模拟实验心得：败有所学

为期两天的沙盘模拟虽然我们并不是最后的胜利者，但在模拟实验中我们有开心，有郁闷，有感悟，有收获。短短两天时间，短短6个财政年度，我却觉得获益匪浅。团队合作，整体规划，产销预测，产品研发，市场开发，广告投资，贷款还款等书本上学来的知识是第一次综合运用，在和团队成员的交流中也会相互切磋，相互学习。

(一) 从整个战略看我们组

第一年只有一个产品，一个市场，所以关键在于广告的数额，但是在第一年的决策中，由于大家都只看到了老大的位置，拼命地抬价，我们虽然也投了比较多的费用，但还是失去了有利的地位。而在第二年我们的目标是争夺市场、投资生产线和进行产品研发，同时还有市场的开拓。在对比了各产品和市场的销售预测后，我们终于决定了产品和市场的方向。而在第二年中，我们犯了一个严重的错误，就是为了市场广告费用而投入过大使资金流量不足，以至于以后好几年都亏损。但在以后的决策过程中我们也由于第二年的大投入而一直占据市场的领头地位，为后期的费用也节省了不少。在以后的几年中，我们认真地研究了各市场的行情，做出了较明智的决策，最终实现盈利。

同时，在整个经营过程中，我们的负债比率一直很高，在实际的经营过程中可能不会存在，但是我们充分利用了长期贷款的优势，使现金流量良好地运行。遗憾的是，当我们从逆境中走出，准备开始大展拳脚的时候，6年实验结束了。如果再给我们两年的时间，我们交出去的一定是一个完美成长的企业。

总的来说，我们的战略定位没有错，但在实施的过程中，由于一些决策考虑的不足，比如第二年的广告是我们的一大悲痛，这或许就叫"一失足成千古恨"吧。

(二) 从个人的角色看我们组

做完实验后，第一个感觉是，自己在不断地移动灰、蓝、红币，可是冷静下来细想，获益真的很多。作为CSO不是简单的进行采购，在做出采购决策的同时不仅要考虑当前的生产能力和计划产出及库存量，同时还得在大家做出未来预测的条件下，考虑未来可能的生产计划。而且，在经营的过程中，还要和大家团结合作，共同做出企业的经营决策。

在实验的过程中，由于某种原因我换了角色，又做了财务。老实说做财务真的很累，要做很多的记录和计算。不过也让我知道了做财务的难处，不仅要处理大量的报表，而且还要确保报表的平衡。在报表的平衡中可能会出现各种想不到的问题，一个小小的失误或差错就会使整个报表失衡。

(三) 在实验过程中的一点小的看法

实验中具体的步骤虽然都比较明确，但也有些地方不够统一，特别是在做的过程中大家的理解不是十分一致，也导致不同的组之间的结果差异很大。另外，从实验过程中发现企业有时会为了财务报表的平衡而有意地去进行一些活动，有的甚至违背时序。由此可知财务对于企业来说的重要性。同时也可看出企业经营过程中决策的重要性，一个库存的移动都会对企业的财务报表产生很大的影响。

总之，在整个经营过程中，无论是作为什么角色，都应该积极地参与企业经营的各项决策，同时大家应该互相帮助，团结合作，把企业的整体利益放在各自部门的利益之上，从企业的全局角度出发。做沙盘模拟实验使我对企业的日常经营活动有了具体的了解，而且也使平时学的理论知识具体地与实践进行了一次综合，加深了对理论知识的认知，提高了自己分析问题的能力。相信如果有下次的机会，我一定会做得更好。

六、沙盘模拟感想

为期两天的 ERP 沙盘模拟结束了，沉浸在灰币、订单、广告的世界里，一路摸爬滚打下来，我有太多的心得和体会，不夸张地说，这两天的收获比任何时候都要多。

(一) 从整个战略看 A 组

第一年只有一个产品，一个市场，所以关键在于广告的数额，我们的营销总监给我们立了大功，我们很顺利地拿到了销售额最高、利润最大的订单，所以，第一年我们没费任何心思，完美地结束了，同时我们把自己定位在市场老大的位置上，如果想继续保住市场老大的位置，那么只有靠产品创造利润，我们决定投资生产线，在上一年所有者权益还很充足的情况下，我们及时地借足了长期贷款，预计第二、三年不会盈利，是投资年，但是到第四年开始，我们会借助强大的生产规模使利润迅速增长，只要我们的现金流能挺过最困难的第二年和第三年，那么肯定没问题。这种思路在我看来是一个正常的企业成长思路，经过成长期到成熟期的过程。

但是，可能是被胜利冲昏了头脑，我们的心态极为浮躁，没有一个人认真地研究最为重要的广告规则，在第二、三年我们错误地投入了大量的广告费却没有拿到该拿到的订单，致使我们的资金投入到生产线和产品成本中不能及时收回，这样就得不断地借贷款，直接导致了在第五、六年当我们谨慎地用最少的广告拿到最大的订单产生了最大的利润后，这些利润却全部用来归还了各种各样的贷款和利息，直到第六年，当我们的贷款压力减小，开始有利润，所有者权益开始增加时，比赛却结束了。写到这里，我真是感觉自己的心都要碎了，如果再给我们两年的时间，我们交出去的一定是个完美成长的企业。

战略定位没有错，我们花大力气盯住了别的企业没有的产品，别的企业没有盯住的市场，广告是我们心中永远的痛，真是"一失足成千古恨"。

(二) 作为 CFO 的自我反省

上课之前，我跃跃欲试地想可以把课堂上的东西应用于实践了，但是，两天之后，我坐在这里反思，作为 CFO 这样一个举足轻重的角色，在前两年，我没有意识到自己的重要性，把自己的职责简化成了会计，把账记平是我最大的责任，我没有认真地做过一次短期经营决策，没有认真地做过利润预测，没有精确地计算过成本，该做的很多都没有做，致使从第三年开始，我们的现金流频频出现危机，企业时刻面临破产的风险。从第一年到第六年我们借的高利贷竟然达到了 26 000 万元，光利息就压得我们喘不过气来，从第三年年末开始，才与营销总监要数据预测销售额，向生产总监要下一年生产成本的数据，预测利润，再预测费用，防止现金断流，防止债台继续高筑，认真分析与关联企业的交易到底给我们带来了多大的收益。如果从第一年我就能进入这样的角色，那么就不会在第三年其他企业纷纷缩减广告费的同时我们打出 3900 万元的广告费用，少了这一个失误，会让我们少很多恶性循环的贷款，不会让我们饱受借新贷还旧贷的折磨。

经过这次的教训，我认识到，作为一个企业的 CFO，要学会在下一年开始之前根据营销和生产部门做计划，然后根据计划做预测，根据预测对生产过程进行控制，在年末要对经营结果进行监督反馈，做到用最少的成本获得最大的收益。

(三) 从团队协作看 A 组

在这个 5 人的团队里，每个角色都很重要，我们的胜利每个人都有功劳，我们的失败每个人都有不可推卸的责任。在开始的两年我们合作的不是很协调，配合不是很默契，沟通不足，使很多信息不能在整个团队内有效地传递，导致了很多失误，随着时间的推进，我们进入了困境，但是各部门的配合却越来越默契，各种信息都能很好地传递。很好地表现在我们的供应、生产和销售的配合，第六年做到了零库存。

我们在最困难的时候依然团结，依然没有放弃，最后终于有了一点起色。但是，我不得不说，我们的 CEO 很不称职，在我们债台高筑，资金链频频告急，广告打不准，订单拿不到的时候，我们的 CEO 没有承担责任，最后竟然有一点袖手旁观的感觉了，在这样的情况下，我们 4 个部门只有齐心合力自己做决策，少了一个人的参与，每个人都感觉压力又大了一份，责任又重了一份。

我们这个团队，如果评优秀员工的话，我会投营销总监的票，在最困难的时候，我们的营销总监精打细算，积极奔走于竞争对手之间，寻求最广泛的合作，增加利润，减少库存，增加现金流。在最后一年，我给的预测是只要拿到 2.2 个亿，我们就能周转了，在经过一番激战后，我们的营销总监拿回了 2.4 个亿的订单。

(四) 从整个市场环境看企业成长

战争刚刚打响的两年，我们互相排挤，不合作，每个企业都把精力全部放在自己企业内部了，其实现在想想，这样是不对的，这样的市场是一个畸形的、不健康的市场，在这样的市场环境下成长的企业都不会有持久发展的可能。

随着时间的推移，我们的市场异常活跃，各种各样的合作方式涌现出来，来料加工，进料加工，库存转移，广告合作策略，形式多种多样，都是为了实现双赢甚至多赢，这样的市场才是正常的、成熟的市场，这样的企业才有生存下去的潜力，才会创造更多的价值。

最后，要感谢我们的老师和他的助手，这两天一直在我们左右辅助我们把比赛进行下去，我们都从中学到了很多课本上学不到的东西，感谢这次机会让我们知道了自己的不足，让我们看到了简化了的现实，我们都想再来一次。

七、市场总监报告

作为我们团队的营销总监，我感到十分庆幸，我们是一只亲密无间、团结合作的队伍。彼此合作所产生的愉悦，远远要超过了企业盈利所带来的欣喜，我们在高度合作的情况下，取得了傲人的成绩，我为自己团队的成绩而自豪。

作为营销总监，我的任务也十分明确，企业将生产何种产品？生产多少？广告投入如何？通过何种销售渠道？哪里将会是我们的目标市场？市场比例如何安排？这都是营销总监所要考虑和参与决策的问题。然而，这些问题不能毫无依据的解决，市场具有一定的灵活多变性，这些问题，很大部分都没有一个确定的答案，所以制订营销计划有很大的困难。但是，作为营销总监所要具备的一个素质是：在多变的市场中，根据对产品市场信息的分析、企业自身产能的了解，及对竞争对手情况的探测，制定一个稳定但又不失灵活的方案，同时，在竞争进行时，要根据市场变化进行相应的变化，在有些情况下，提前一步于市场，一个真正成功的企业，甚至能影响和决定市场。

(一) 市场策略的制定

在第二轮还未开始之前，我们就必须制定出一个合理的产品市场方案，根据已有的产品市场资料分析，此次的市场包括本地、区域、国内、亚洲、国际 5 个市场，在这几个市场上不同的产品有着不同的价格和需求量。

同时在众多因素的影响下，这七年间各个市场在不同时间内有扩容或是缩小的现象，不同产品相对应的市场的容量也有不同的变化。

因此在这几年的企业经营中，要明确市场导向，及时根据市场需求量和对应产品的需求量的变化做出调整，适应市场的发展，我们制订出如下计划。

(1) 产品策略：由市场预测可知 R 产品虽然研发成本较贵，但是其越到后面的年份价格和需求量越大，且生产只需要 3 个材料费用和 1 个制造费用(全自动下)且只占用一条生产线。C 产品虽然前几年市场前景广阔，但是后劲不足且生产 C 产品需要 B 产品做原料大大限制了生产能力。S 产品开发费用高且市场需求不大，故而本企业将以生产 R 产品为主，将初始年的 B 产品下线后，马上进行生产线的改造。同时留 1~2 条生产线做 B 产品的生产以减小全部生产 R 产品带来的高风险。

通过对本地市场 B 系列产品需求及价格的预测数据的分析，我们发现：除了国际市场，B 产品的价格有逐年递减的趋势，并且一开始的价格也不高，只有 5M 左右。从第五年开始，B 产品的纯利润将趋于零。为了企业的可持续发展，我们决定在第一年第一季度开始就投资新产品的研发。在选择开发哪种产品时，我们发现，R 产品价格逐年上升，到了第四年达到 B 产品的两倍，而其研发所需投入为 12M。经过 1.5 年的研发后即可投入生产，并且 R 产品越是到后面的年份市场越大价格越高。而且对比 C 产品，R 产品实际只占用一条生产线。所以最终我们选择了研发 R 产品。根据市场资料分析，ISO 系列的认证不会那么快出现故而此项研究我们安排在了第 2、3 年开始。

(2) 市场开发策略：未来 7 年由于市场的开拓直接关系到企业可以拿到的订单数量，也关系到企业差异化竞争的成败，故而市场的开拓在第一年年初就必须进行，但是从市场预测看国际市场虽然开拓周期长但是 B 产品需求巨大且价格高，国际市场也必须开拓。另外，因为本地市场毕竟容量有限，我们对区域市场、国内市场、亚洲市场和国际市场进行对比分析：进入时间分别需要 1 年、2 年、3 年、4 年，所需投资分别为 1M、2M、3M、4M。因为我们的战略和生产能力需要大量的市场订单才能消化，所以我们将开发所有的市场。争取在以后 R 产品的竞争中取得两到三个市场老大的位置。

(3) 竞争策略：本公司主要走差异化竞争，直接跳过 C 产品，在 R 产品上投广告，使得能取得 1 到 2 个市场的 R 产品市场老大地位。B 产品上一直保持平稳生产以能消化产能为准。

(4) 广告策略：第一年投入 4~6M 的广告只要拿到 B 产品的单即可以后基本都做 R 单，B 单能消化产能即可。根据市场容量制定出最合适的广告策略，以拿到市场老大为主要目的，但是不能使广告费用太高影响财务状况。另外，注意有些年份的市场容量的变化和产品需求的变化，做好市场预测，拿到与生产能力相配套的订单。

(二) 市场策略的实施与经验教训

每一年的市场策略的实施与经验教训介绍如下。

(1) 第一年：由于只能生产 B 产品，R 产品尚未研发成功，及生产线尚未改造成功，在本地市场中占领 B 产品的较大市场份额，希望争取成为在 B 产品本地市场的市场老大，考虑到第一年大家的产能一样，面对的目标市场也一样，广告投 3M 的会很多，所以我们在本地市场广告投了 4M，拿到了两张 B 产品单子，销售额为 32M。

根据计划进行 R 产品的研发和开拓区域、国内、亚洲、国际市场，并获得了区域市场准入。

(2) 第二年：由于生产线即将建成，R产品也快开发完成，我们小组在年度广告上投了6M，希望能够多拿订单，做上市场老大。

事实上我们也基本上拿到了想象中的订单，根据我们对R生产能力的分析预算，R产品在第3季度投产到第4季度可以产出3个而我们拿到的订单总数是2个R产品，故而能基本满足。另外为了消化剩下的3个B产品的存货以及今年产出的4个B产品，我们在B产品上又投了2M的广告，拿到了4个B产品的订单。

另外，考虑到以后的生产资格要求，开始ISO 9000、ISO 14000认证的研发，并在这年获得了国内市场准入资格。

(3) 第三年：由于在第三年R产品新增了区域和国内市场，我们希望通过加大广告投资，多拿订单，抢占市场老大的位置。我们投入16M的广告得到了6张订单：总量为9个R产品和6个B产品，总销售额超过100M。

此轮我们总共拿到了4个市场老大位置。在R产品方面，我们拿到了本地市场和国内市场的老大；在B产品方面，我们很轻易地拿到了国内市场老大的位置。在以后的生产中，我们只需投入1M的广告，就可以轻而易举地拿到自己想要的B产品订单。但是再拿订单的时候我们错误地估计了B产品的生产能力导致B产品有违约风险。最后是在A公司和F公司高价买入2个B产品才使我们不至于违约，但是利润少了4M。

(4) 第四年：首先，我们对市场现状进行分析，在竞争对手上，我们与B组有着共同的核心产品和目标市场，其产能上几乎与我们一模一样，所以将B组作为我们的主要竞争对手是十分明确的。通过观察，除B组是我们的主要竞争对手外，另外还有两组有柔性线的也有生产R产品的可能性，但是据观察，他们的柔性线主要用于生产C产品，所以我们就不担心他们会来我们的目标市场上插一脚。

凭借上年我们在R市场上拿到了本地和国内两个老大，今年继续稳做这两个市场的老大，问题并不大。区域市场的老大被B组抢占，为公司长远竞争考虑，我们希望本轮在区域市场上也抢一些订单，争取将区域市场抢回来，根据订单数量情况和其他组R产能状况，广告在区域市场投入较大，但是后来出现了意想不到的情况，根据我们的估测E组将主要生产C产品，但在这一轮，E组用其柔性线生产R产品，拿走了我们想要的区域的订单，造成区域市场被B组稳稳站住脚跟，也给我们的广告费造成一定的浪费。

在本地和国内市场上我公司基本拿到了非常好的订单。总共投入了14M的广告费，获得120M的销售额，毛利达到66M。

(5) 第五年：在B产品方面，由于我们的产能有限，所以对订单的要求也不高，投两个市场的1M广告费就基本能满足。

然而总结上年，我们和主要竞争对手B组各有自己的R产品市场老大。上一年在亚洲R市场没有市场老大，这一年争取获得亚洲市场的老大，我们就可以稳定胜局，所以在亚洲市场上投放了5M的广告，但是结果B组以1M的优势拿到了亚洲市场老大的位置并且在这一个市场上就拿到了90M的销售量，而我们在这一市场上投了5M的费用仅仅拿到了销售额为12M的单子。

在此次广告投放中，最大的失败就是在亚洲市场上，我们的财务很明确地跟我讲过，最大广告财务预算为 18M，但此轮我们投了 16M，希望在最小成本内获得最大利益，结果还是由于过于胆小，失去了亚洲市场做老大的机会，同时也给了 B 组反超自己的机会。

(6) 第六年：此年的市场情况可以说是尽收眼底，竞争对手明确，产能明确，市场老大明确，我们仅仅根据自己的产能情况就给出了广告费用分配情况，这一年，我们用了 11M 的广告费用，拿到了 8 张单子，销售额为 162M。

由于我们在广告费已经投下去的情况下又决定下一轮改造生产线，将唯一的 B 产品生产线改成 R 产品，全部生产 R 产品，B 产品的产能减小 2 个，造成投了广告，但却不能拿单的情况，浪费了 1M 的广告费。所以，在进行广告费投入之前，要对自己的产能有准确的估算，并且在拿单时，要做到每期产能和订单交货期都没有矛盾，这样才能做到广告费不浪费，也不会产生违约情况。

(7) 第七年：这是决胜的一年，可是在这最后一年，我们在市场上和广告上却不能出奇制胜，原因是我们的产能已经固定不变，我们的市场和 B 组的目标市场几乎分离开来，互不影响，作为营销总监，此时所能做的是：合理分配广告费，将自己的产能最大化地消化掉。

今年我们投入了 15M 的广告费，足足拿了 9 张单子，消化了我们的所有产能，但是因为想消化全部产能而与有些单子的交货期出现了一些冲突，最后我们有一张单子违约一季，少赚了 2M，但是总的来讲，少赚也是赚，总比产能过剩好。

八、市场总监广告投入小技巧

(一) 市场老大

市场老大在投广告费的时候，对与需求量相对较大的产品 P2 或 P3、P4 最好投 3M。以免有人偷袭你的市场老大地位，而且如果有第二次选单机会，你可以选取一张单价比较好的订单。

(二) 非市场老大

在有市场老大的市场里最好打价格差，即投广告费时以 2M、4M、6M、8M 为主。

(三) 新市场

在新市场上，如果想要争市场老大的话，广告费必须打价格差，广告总额控制在 12M 以下。如果不想争市场老大的话，广告费以 1M、2M 为主。

(四) 认证广告

自第四年起，必须要投认证广告。

(五) 技巧

在投广告费的时候，一定要综合各个组的产能及市场老大的情况。例如，某一年，本地市场 A 组是市场老大，其产能是 8 个 P2、12 个 P3、8 个 P4，而 P2、P3、P4 的总需求分别是 12 个、15 个、6 个，那么我们在本地市场上 P2 会投 1M 或者 3M，P3 会投 3M，P4 投 1M 就够了，同时，经过我们的估计，其他各组就 1 组能有多余的 5 个 P2，那么 E 组肯定是接散单，所以，我们投 3M 或 4M 就行了。

附录1
BS版企业管理信息化实训沙盘经营规则

一、角色分工

角色分工：总经理、财务总监、生产总监、营销总监、采购总监，由于电子沙盘考量参赛人员综合能力，因此由一人参与全程竞赛，独自一人代表5种角色，经营一家模拟公司。

二、运行方式及监督

本次大赛采用电子沙盘方式运作企业，即所有的决策在电子沙盘中确定。

各队在本地计算机上参加市场订货会，交易活动，包括贷款、原材料入库、交货、应收账款、贴现及回收，均在本地计算机上完成选单。

本次比赛运行时间为6年，参加比赛共6支队伍，初始权益为50M，现金为20M，每年会选出市场地位领导者。

三、企业运营流程

1. 企业经营业务流程表(系统自动)

企业经营业务流程表为系统默认。

2. 年度规划会议

年度规划会议是企业每年经营的启动工作。企业CEO带领所有管理人员，根据最新年度的市场外部环境变化，定位企业市场和产品战略，预测市场走势，进行具体的财务预算。年度规划会议需要管理成员间的紧密沟通，交换和共享信息，达成企业经营思路上的一致。

市场预测可以通过"功能扩展中的市场预测"功能查看。

3. 广告投放规则

投入广告费有两个作用：一是获得拿取订单的机会，二是判断选单顺序。

投入 1M 产品广告费，可以获得一次拿取订单的机会(如果不投产品广告没有选单机会)，一次机会允许取得一张订单；如果要获得更多的拿单机会，每增加一个机会需要多投入 2M 产品广告，例如，投入 3M 产品广告表示有两次获得订单的机会，投入 5M 产品广告则表示有三次获得订单的机会，以此类推。

无需对 ISO 单独投放广告，系统自动判定公司是否有 ISO 资格，确认其能否选有 ISO 要求的订单。

4. 选单流程

选单流程步骤如下：

(1) 各公司将广告费按市场、产品填写在广告发布表中。

(2) 产品广告确定公司对订单的需求量。

(3) 排定选单顺序，选单顺序依据以下顺序原则确定。

① 按照各队在本市场某一产品上投放的广告费的多少，排定后续选单顺序。

② 如果在一个产品投入的广告费用相同，按照投入本市场的所有产品广告费总和，排定选单顺序。

③ 如果本市场的广告总额也一样，按照上年本企业在该市场上实现的销售额排名，排定选单顺序。

④ 如果上年实现的销售额也相同，按照提交广告的时间先后，排定选单顺序。

(4) 系统按上述规则自动排出选单顺序，自动分轮次进行选单。排定选单顺序的公司在每轮选单时，只能选择一张订单。当第一轮选单完成后，如果还有剩余的订单，还有资格的公司可以按选单顺序进入下一轮选单。

提示：

系统中将某市场某产品的选单过程称为回合，每回合选单可能有若干轮，每轮选单中，各队按照排定的顺序，依次选单，但只能选一张订单。当所有队都选完一次后，若再有订单，开始进行第二轮选单，以此类推，直到所有订单被选完或所有队退出选单为止，本回合结束。当轮到某一公司选单时，系统以倒计时的形式，给出本次选单的剩余时间，每次选单的时间上限为 30 秒钟，即在 30 秒内必须做出选择(选择订单或选择放弃)，否则系统自动视为放弃选择订单。放弃一个产品的选单，不影响本市场其他产品的选单权力。

(5) 订单类型。

订单类型如附表 1-1 所示。

附表 1-1 订单类型

订单交货条件	交货时间	订单资格
1 季度	必须在本年第一季度交货	非破产企业
2 季度	必须在本年第二季度交货	非破产企业

(续表)

订单交货条件	交货时间	订单资格
3季度	必须在本年第三季度交货	非破产企业
4季度	必须在本年第四季度交货	非破产企业
1~2季度	可以在本年第一或二季度交货	非破产企业
1~3季度	可以在本年第一或二或三季度交货	非破产企业
(无)	可以在全年任意时间交货	
ISO 9000 订单	按订单规定的交货期	具有 ISO 9000 资格的企业
ISO 14000 订单	按订单规定的交货期	具有 ISO 14000 资格的企业
双认证订单 ISO 9000 ISO 14000	按订单规定的交货期	同时具有 ISO 9000 和 ISO 14000 资格的企业

(6) 订单类型。

所有订单要求在按订单上的产品数量和交货期交货，否则视为违约订单，按下列条款加以处罚：

① 按订单销售总额的 20% 计算违约金，并在当年第四季度结束后扣除，违约金记入"损失"。
② 违约订单一律收回。

5. 税金

只计算所得税，交税的标准为弥补完以前年度的亏损总和后，再按盈余利润的 25% 向下取整提取税金。

6. 贷款规则

贷款规则如附表 1-2 所示。

附表 1-2　贷款规则

贷款类型	贷款时间	贷款额度	年息	还款方式
长期贷款	每年年初	所有长短贷之和不超过上年权益 3 倍	10%	年初付息，到期还本，按 10M 倍数申请
短期贷款	每季度初	所有长短贷之和不超过上年权益 3 倍	5%	到期一次还本付息，按 20M 倍数申请
资金贴现	任何时间	视应收款额	应收款账期是 3、4 季，贴息率为 12.5% 应收款账期是 1、2 季，贴息率为 10%	变现时贴息
库存拍卖	库存产品按原值的 100% 进行拍卖，库存原材料按原值的 90% 进行拍卖			

所有的贷款不允许提前还款，一律是先还后贷，不管是否有额度，贷款到期时，必须先足

额归还贷款，然后再申请贷款。企业间不允许私自融资。

7. 原材料采购规则

采购原材料需经过下原料订单和采购入库两个步骤，这两个步骤之间的时间差称为订单提前期。没有下订单的原材料不能采购入库，所有下订单的原材料到期必须采购入库，原材料采购入库时必须支付现金，如附表1-3所示。

附表1-3　各种原材料提前期表

订单交货条件	到货提前期	单位价格
R1(红色)	1Q	1M
R2(橙色)	1Q	1M
R3(蓝色)	2Q	1M
R4(绿色)	2Q	1M

8. 厂房购买与出售规则(如附表1-4所示)

附表1-4　厂房购买与出售规则

厂房	买价	租金	售价	容量
大厂房	40M	5M/年	40M	6
小厂房	30M	3M/年	30M	4

厂房出售得到4个账期的应收款。以下两种情况下，如果厂房内有生产线，无论在建、转产、空闲还是在产，系统立即自动视为租用。

(1) 在没有购买厂房的情况下。

(2) 厂房出售。

9. 新建生产线

生产线类型如附表1-5所示。

附表1-5　生产线类型

生产线	购置费	安装周期	生产周期	总转产费	转产周期	维修费	残值
手工线	5M	无	3Q	0	无	1M/年	1M
半自动	10M	2Q	2Q	1M	1Q	1M/年	2M
自动线	15M	3Q	1Q	2M	1Q	1M/年	3M
柔性线	20M	4Q	1Q	0	无	1M/年	4M

(1) 生产线在投资建设时，并不指定所要生产的产品；当建成的时候，必须指定产品才可以正式投产。生产产品一经确定，本生产线所生产的产品便不能更换，如要更换，需在建成后，进行转产处理。

(2) 每次操作可建一条生产线，同一季度可重复操作多次，直至生产线位置全部铺满。

(3) 新建生产线一经确认，即刻进入第一期在建，当季便自动扣除现金。

(4) 投资生产线的支付不一定需要连续，可以在投资过程中中断投资，也可以在中断投资之后的任何季度继续投资。

(5) 生产线安装完成，不论是否开工生产，都必须在当年缴纳维护费；正在进行转产的生产线也必须缴纳维护费。凡已出售的生产线和新购正在安装的生产线不缴纳维护费。

(6) 不论何时出售生产线，价格为残值，净值与残值之差计入费用表的损失项；只有空生产线方可转产和出售。

10. 生产线折旧

生产线折旧方法为平均年限法，如附表1-6所示。

完成规定年份的折旧后，该生产线不再计提折旧，剩余的残值可以保留，直到该生产线变卖为止。当年新建成的生产线不提折旧。生产线折旧为年末自动处理。

附表1-6 生产线折旧

生产线	购置费	残值	建成1年	建成2年	建成3年	建成4年	建成5年
手工线	5M	1M	0	1M	1M	1M	1M
半自动	10M	2M	0	2M	2M	2M	2M
自动线	15M	3M	0	3M	3M	3M	3M
柔性线	20M	4M	0	4M	4M	4M	4M

11. 生产线转产

先选择转产的生产线，然后确定转产类型，系统将按相应的转产费用扣除现金，并将该生产线置于转产状态。只有空生产线方可转产。

12. 生产线变卖

不论何时变卖生产线，将变卖的生产线按残值放入现金，净值与残值之差放入"其他"费用，记入当年"综合费用"中的"其他"项目。

13. 生产线变卖

当下原料订单结束后，需要更新生产。生产线不能被自动更新，必须人为地操作一遍，防止出现计划的偏差。操作时，按照界面的提示，选择希望变化的生产线形式，确定即可。系统将自动扣除原料和现金(加工费)，如果原料和现金均不足，系统将提示，并且放弃本次上线生产。

14. 更新应收款

当运行到"更新应收账款"时，如有应收款到期，系统自动回收。

15. 管理费用

每季度结束时，自动扣除1M/季。

16. 市场开拓(如附表 1-7 所示)

附表 1-7　市场开拓

市场	开发费	时间
本地	1M/年	1 年
区域	1M/年	1 年
国内	1M/年	2 年
亚洲	1M/年	3 年
国际	1M/年	4 年

开发费用按开发时间在年末平均支付，不允许加速投资，可中断投资。市场开发完成后，领取相应的市场准入证。

17. 资格认证

资格认证如附表 1-8 所示。

附表 1-8　资格认证

认证	ISO 9000	ISO 14000
时间	2 年	2 年
费用	1M/年	2M/年

平均支付，认证完成后可以领取相应的 ISO 资格证。可中断投资。

18. 产品研发

要想生产某种产品，先要获得该产品的生产许可证。而要获得生产许可证，则必须经过产品研发。P1、P2、P3、P4 产品都需要研发后才能获得生产许可。研发需要分期投入研发费用。投资规则如附表 1-9 所示。

附表 1-9　产品研发

产品名称	开发费用	总时间
P1	1M/季度	2 个季度
P2	1M/季度	4 个季度
P3	1M/季度	6 个季度
P4	2M/季度	6 个季度

四、运行记录及违规扣分

1. 上报报表

每年运行结束后，各公司需要在规定的时间内编制报表(综合费用明细表、利润表和资产负债表)。如果提交错误,1 次扣除 1 分;超过限定时间没有提交成功,每超过 3 分钟扣除 5 分。

2. 违规及扣分

竞赛最终是以评分为判别优胜标准。在企业运行过程中,对于不能按照规则运行的企业和不能按时完成运行的企业,在最终竞赛总分中,给予减分的处罚。

(1) 年度经营运行超时扣分

运行超时是指不能按时完成当年运营且提交报表的情况。处罚:超时 5 分钟之内的,每分钟扣除 5 分(在当年结束后扣除);如果到 15 分钟后还未完成当年运营或还不能提交报表的,超过 15 分钟不能提交者,系统将自动强制提交。

(2) 提交广告超时扣分

在裁判规定时间内不能按时提交广告的组,每超时 1 分钟扣除 5 分(在当年结束后扣除),如果 5 分钟后还不能提交广告的,系统将自动强制提交。

3. 破产

本次比赛以下列条件判断破产:

(1) 若现金断流,企业破产。

(2) 若任意一年企业所有者权益合计为负,则企业破产。破产的队伍直接退出比赛。

(3) 完成预先规定的经营年限,将根据各队的最后分数进行评分,分数高者为优胜。所有者权益×(1+企业综合发展潜力÷100)-罚分。

企业综合发展潜力如附表 1-10 所示。

附表 1-10 企业综合发展潜力

项目	综合发展潜力系数
手工生产线	+5/条
全自动/柔性线	+10/条
区域市场开发	+10
国内市场开发	+10
亚洲市场开发	+10
国际市场开发	+10
ISO 9000	+10
ISO 14000	+10
P1 产品开发	+10
P2 产品开发	+10
P3 产品开发	+10
P4 产品开发	+10

注意:

如有分数相同,则最后一年在系统中先结束经营者排名靠前。生产线建成即加分,无须生产出产品,也无需有在制品。

市场老大和厂房无加分。

附录2

ERP沙盘经营实训手册

班　　级　_____

姓　　名　_____

学　　号　_____

组　　别　_____

指导教师　_____

第　　年经营记录表

请按顺序执行下列各项操作。各总监在方格中填写原材料采购/在制品/产品出库及入库情况。其中，入库数量为"+"，出库数量为"-"。季末入库合计为"+"数据相加，季末出库合计为"-"数据相加。

序号	手工操作流程	1季度	2季度	3季度	4季度
1	新年度规划会议				
2	广告投放				
3	参加订货会选订单/登记订单				
4	支付应付税(25%)				
5	支付长贷利息				
6	更新长期贷款/长期贷款还款				
7	申请长期贷款				
8	季初盘点(请填余额)				
9	更新短期贷款/短期贷款还本付息				
10	申请短期贷款				
11	更新应付款/归还应付款				
12	原材料入库/更新原料订单				
13	下原料订单				
14	购买/(租用)厂房				
15	更新生产/完工入库				
16	新建/在建/转产/变卖生产线				
17	紧急采购(随时进行)				
18	开始下一批生产				
19	更新应收款/应收款收现				
20	按订单交货				
21	厂房出售(自动转租)				
22	产品研发投资				
23	支付管理费及其他				
24	新市场开拓				
25	ISO 资格投资				
26	出售库存/企业间交易(随时)				
27	应收款贴现(随时)				
28	缴纳违约订单罚款				
29	支付设备维护费				
30	季末收入合计				
31	季末支出合计				
32	季末数额对账(8)+(30)−(31)				
33	计提折旧				
34	结账				

在每年的新年度规划会议中，企业各管理人员提出自己的想法，财务总监进行现金的预算，填写现金预算表，预算这一年中资金是否可以保证不断流，以便确定如何投资、交货的先后顺序等。最后根据预算现金状况，CEO 联同小组成员确定最终运营方案。

现金预算表

项目	1	2	3	4
期初库存现金				
市场广告投入				
支付应付税				
支付长贷利息				
支付短贷利息/到期短贷				
原材料采购支付现金				
购买/租用厂房支付现金				
生产线投资				
转产费用				
工人工资				
收到现金前的所有支出				
应收款到期				
产品研发现金支出				
新市场开拓/ISO 资格投资				
支付设备维护费				
计提折旧				
新市场/ISO 资格换证				
其他				
库存现金余额				

要点记录：

第一季度：_____

第二季度：_____

第三季度：_____

第四季度：_____

年度总结：_____

订单登记表用于记录本年取得的客户订单。参加完每年的订单会后，营销总监负责填写订单登记表，以便于生产、查询及财务总监做账。

订单登记表

订单号									合计
市场									
产品									
数量									
账期									

(续表)

销售额									
成本									
毛利									
违约金									

综合管理费用明细表用于记录企业日常运营过程中发生的各项费用。年末，财务总监需编制利润表以便核算企业当年的经营成果。

第　　年财务报表

综合费用表

项目名称	金额
管理费	
广告费	
维修费	
租金	
转产费	
市场准入开拓	
ISO 资格认证	
产品研发	
其他	
合计	

利润表

项目名称	上年数	本年数
销售收入		
直接成本		
毛利		
综合费用		
折旧前利润		
折旧		
支付利息前利润		
财务支出(-)/收入(+)		
其他收入(+)/支出(-)		
税前利润		
所得税		
净利润		

资产负债表

资产	上年数	本年数	负债和所有者权益	上年数	本年数
流动资产：			负债：		
现金			长期借款		
应收款			短期借款		
在制品			应付账款		
流动资产：			负债：		
成品			应交税费		
原料			一年到期长债		
流动资产合计			负债合计		
固定资产：			所有者权益合计：		
土地和建筑			股东资本		
机器与设备			利润留存		
在建工程			年度净利		
固定资产合计			所有者权益合计		
资产合计			负债和所有者权益合计		

第　　年经营记录表

请按顺序执行下列各项操作。各总监在方格中填写原材料采购/在制品/产品出库及入库情况。其中，入库数量为"+"，出库数量为"-"。季末入库合计为"+"数据相加，季末出库合计为"-"数据相加。

序号	手工操作流程	1季度	2季度	3季度	4季度
1	新年度规划会议				
2	广告投放				
3	参加订货会选订单/登记订单				
4	支付应付税(25%)				
5	支付长贷利息				
6	更新长期贷款/长期贷款还款				
7	申请长期贷款				
8	季初盘点(请填余额)				
9	更新短期贷款/短期贷款还本付息				
10	申请短期贷款				
11	更新应付款/归还应付款				
12	原材料入库/更新原料订单				
13	下原料订单				
14	购买/(租用)厂房				
15	更新生产/完工入库				
16	新建/在建/转产/变卖生产线				
17	紧急采购(随时进行)				
18	开始下一批生产				
19	更新应收款/应收款收现				
20	按订单交货				
21	厂房出售(自动转租)				
22	产品研发投资				
23	支付管理费及其他				
24	新市场开拓				
25	ISO资格投资				
26	出售库存/企业间交易(随时)				
27	应收款贴现(随时)				
28	缴纳违约订单罚款				
29	支付设备维护费				
30	季末收入合计				
31	季末支出合计				
32	季末数额对账(8)+(30)-(31)				
33	计提折旧				
34	结账				

在每年的新年度规划会议中,企业各管理人员提出自己的想法,财务总监进行现金的预算,填写现金预算表,预算这一年中资金是否可以保证不断流,以便确定如何投资、交货的先后顺序等。最后根据预算现金状况,CEO 联同小组成员确定最终运营方案。

现金预算表

项目	1	2	3	4
期初库存现金				
市场广告投入				
支付应付税				
支付长贷利息				
支付短贷利息/到期短贷				
原材料采购支付现金				
购买/租用厂房支付现金				
生产线投资				
转产费用				
工人工资				
收到现金前的所有支出				
应收款到期				
产品研发现金支出				
新市场开拓/ISO 资格投资				
支付设备维护费				
计提折旧				
新市场/ISO 资格换证				
其他				
库存现金余额				

要点记录:

第一季度:_____

第二季度:_____

第三季度:_____

第四季度:_____

年度总结:_____

订单登记表用于记录本年取得的客户订单。参加完每年的订单会后,营销总监负责填写订单登记表,以便于生产、查询及财务总监做账。

订单登记表

订单号											合计
市场											
产品											

(续表)

数量										
账期										
销售额										
成本										
毛利										
违约金										

综合管理费用明细表用于记录企业日常运营过程中发生的各项费用。年末,财务总监需编制利润表以便核算企业当年的经营成果。

第　　年财务报表

综合费用表

项目名称	金额
管理费	
广告费	
维修费	
租金	
转产费	
市场准入开拓	
ISO 资格认证	
产品研发	
其他	
合计	

利润表

项目名称	上年数	本年数
销售收入		
直接成本		
毛利		
综合费用		
折旧前利润		
折旧		
支付利息前利润		
财务支出(-)/收入(+)		
其他收入(+)/支出(-)		
税前利润		
所得税		
净利润		

资产负债表

资产	上年数	本年数	负债和所有者权益	上年数	本年数
流动资产:			负债:		
现金			长期借款		
应收款			短期借款		
在制品			应付账款		
成品			应交税费		
原料			一年到期长债		
流动资产合计			负债合计		

(续表)

资产	上年数	本年数	负债和所有者权益	上年数	本年数
固定资产:			所有者权益合计:		
土地和建筑			股东资本		
机器与设备			利润留存		
在建工程			年度净利		
固定资产合计			所有者权益合计		
资产合计			负债和所有者权益合计		

第　　年经营记录表

请按顺序执行下列各项操作。各总监在方格中填写原材料采购/在制品/产品出库及入库情况。其中，入库数量为"+"，出库数量为"-"。季末入库合计为"+"数据相加，季末出库合计为"-"数据相加。

序号	手工操作流程	1季度	2季度	3季度	4季度
1	新年度规划会议				
2	广告投放				
3	参加订货会选订单/登记订单				
4	支付应付税(25%)				
5	支付长贷利息				
6	更新长期贷款/长期贷款还款				
7	申请长期贷款				
8	季初盘点(请填余额)				
9	更新短期贷款/短期贷款还本付息				
10	申请短期贷款				
11	更新应付款/归还应付款				
12	原材料入库/更新原料订单				
13	下原料订单				
14	购买/(租用)厂房				
15	更新生产/完工入库				
16	新建/在建/转产/变卖生产线				
17	紧急采购(随时进行)				
18	开始下一批生产				
19	更新应收款/应收款收现				
20	按订单交货				
21	厂房出售(自动转租)				
22	产品研发投资				

(续表)

序号	手工操作流程	1季度	2季度	3季度	4季度
23	支付管理费及其他				
24	新市场开拓				
25	ISO 资格投资				
26	出售库存/企业间交易(随时)				
27	应收款贴现(随时)				
28	缴纳违约订单罚款				
29	支付设备维护费				
30	季末收入合计				
31	季末支出合计				
32	季末数额对账(8)+(30)-(31)				
33	计提折旧				
34	结账				

在每年的新年度规划会议中，企业各管理人员提出自己的想法，财务总监进行现金的预算，填写现金预算表，预算这一年中资金是否可以保证不断流，以便确定如何投资、交货的先后顺序等。最后根据预算现金状况，CEO 联同小组成员确定最终运营方案。

现金预算表

项目	1	2	3	4
期初库存现金				
市场广告投入				
支付应付税				
支付长贷利息				
支付短贷利息/到期短贷				
原材料采购支付现金				
购买/租用厂房支付现金				
生产线投资				
转产费用				
工人工资				
收到现金前的所有支出				
应收款到期				
产品研发现金支出				
新市场开拓/ISO 资格投资				
支付设备维护费				
计提折旧				
新市场/ISO 资格换证				
其他				
库存现金余额				

要点记录：

第一季度：_____

第二季度：_____

第三季度：_____

第四季度：_____

年度总结：_____

订单登记表用于记录本年取得的客户订单。参加完每年的订单会后，营销总监负责填写订单登记表，以便于生产、查询及财务总监做账。

订单登记表

订单号											合计
市场											
产品											
数量											
账期											
销售额											
成本											
毛利											
违约金											

综合管理费用明细表用于记录企业日常运营过程中发生的各项费用。年末，财务总监需编制利润表以便核算企业当年的经营成果。

第　　年财务报表

综合费用表

项目名称	金额
管理费	
广告费	
维修费	
租金	
转产费	
市场准入开拓	
ISO 资格认证	
产品研发	
其他	
合计	

利润表

项目名称	上年数	本年数
销售收入		
直接成本		
毛利		
综合费用		
折旧前利润		
折旧		
支付利息前利润		
财务支出(-)/收入(+)		
其他收入(+)/支出(-)		
税前利润		
所得税		
净利润		

资产负债表

资产	上年数	本年数	负债和所有者权益	上年数	本年数
流动资产：			负债：		
现金			长期借款		
应收款			短期借款		
在制品			应付账款		
成品			应交税费		
原料			一年到期长债		
流动资产合计			负债合计		
固定资产：			所有者权益合计：		
土地和建筑			股东资本		
机器与设备			利润留存		
在建工程			年度净利		
固定资产合计			所有者权益合计		
资产合计			负债和所有者权益合计		

第　　年经营记录表

请按顺序执行下列各项操作。各总监在方格中填写原材料采购/在制品/产品出库及入库情况。其中，入库数量为"+"，出库数量为"-"。季末入库合计为"+"数据相加，季末出库合计为"-"数据相加。

序号	手工操作流程	1季度	2季度	3季度	4季度
1	新年度规划会议				
2	广告投放				
3	参加订货会选订单/登记订单				
4	支付应付税(25%)				
5	支付长贷利息				
6	更新长期贷款/长期贷款还款				
7	申请长期贷款				
8	季初盘点(请填余额)				
9	更新短期贷款/短期贷款还本付息				
10	申请短期贷款				
11	更新应付款/归还应付款				
12	原材料入库/更新原料订单				
13	下原料订单				
14	购买/(租用)厂房				
15	更新生产/完工入库				
16	新建/在建/转产/变卖生产线				

(续表)

序号	手工操作流程	1季度	2季度	3季度	4季度
17	紧急采购(随时进行)				
18	开始下一批生产				
19	更新应收款/应收款收现				
20	按订单交货				
21	厂房出售(自动转租)				
22	产品研发投资				
23	支付管理费及其他				
24	新市场开拓				
25	ISO 资格投资				
26	出售库存/企业间交易(随时)				
27	应收款贴现(随时)				
28	缴纳违约订单罚款				
29	支付设备维护费				
30	季末收入合计				
31	季末支出合计				
32	季末数额对账(8)+(30)-(31)				
33	计提折旧				
34	结账				

在每年的新年度规划会议中，企业各管理人员提出自己的想法，财务总监进行现金的预算，填写现金预算表，预算这一年中资金是否可以保证不断流，以便确定如何投资、交货的先后顺序等。最后根据预算现金状况，CEO 联同小组成员确定最终运营方案。

现金预算表

项目	1	2	3	4
期初库存现金				
市场广告投入				
支付应付税				
支付长贷利息				
支付短贷利息/到期短贷				
原材料采购支付现金				
购买/租用厂房支付现金				
生产线投资				
转产费用				
工人工资				
收到现金前的所有支出				

(续表)

项目	1	2	3	4
应收款到期				
产品研发现金支出				
新市场开拓/ISO 资格投资				
支付设备维护费				
计提折旧				
新市场/ISO 资格换证				
其他				
库存现金余额				

要点记录：
第一季度：_____
第二季度：_____
第三季度：_____
第四季度：_____
年度总结：_____

订单登记表用于记录本年取得的客户订单。参加完每年的订单会后，营销总监负责填写订单登记表，以便于生产、查询及财务总监做账。

订单登记表

订单号								合计
市场								
产品								
数量								
账期								
销售额								
成本								
毛利								
违约金								

综合管理费用明细表用于记录企业日常运营过程中发生的各项费用。年末，财务总监需编制利润表以便核算企业当年的经营成果。

第　　年财务报表

综合费用表

项目名称	金额
管理费	
广告费	
维修费	
租金	
转产费	
市场准入开拓	
ISO 资格认证	
产品研发	
其他	
合计	

利润表

项目名称	上年数	本年数
销售收入		
直接成本		
毛利		
综合费用		
折旧前利润		
折旧		
支付利息前利润		
财务支出(−)/收入(+)		
其他收入(+)/支出(−)		
税前利润		
所得税		
净利润		

资产负债表

资产	上年数	本年数	负债和所有者权益	上年数	本年数
流动资产:			负债		
现金			长期借款		
应收款			短期借款		
在制品			应付账款		
成品			应交税费		
原料			一年到期长债		
流动资产合计			负债合计		
固定资产:			所有者权益合计:		
土地和建筑			股东资本		
机器与设备			利润留存		
在建工程			年度净利		
固定资产合计			所有者权益合计		
资产合计			负债和所有者权益合计		

第　　年经营记录表

请按顺序执行下列各项操作。各总监在方格中填写原材料采购/在制品/产品出库及入库情况。其中：入库数量为"+"，出库数量为"-"。季末入库合计为"+"数据相加，季末出库合计为"-"数据相加。

序号	手工操作流程	1季度	2季度	3季度	4季度
1	新年度规划会议				
2	广告投放				
3	参加订货会选订单/登记订单				
4	支付应付税(25%)				
5	支付长贷利息				
6	更新长期贷款/长期贷款还款				
7	申请长期贷款				
8	季初盘点(请填余额)				
9	更新短期贷款/短期贷款还本付息				
10	申请短期贷款				
11	更新应付款/归还应付款				
12	原材料入库/更新原料订单				
13	下原料订单				
14	购买/(租用)厂房				
15	更新生产/完工入库				
16	新建/在建/转产/变卖生产线				
17	紧急采购(随时进行)				
18	开始下一批生产				
19	更新应收款/应收款收现				
20	按订单交货				
21	厂房出售(自动转租)				
22	产品研发投资				
23	支付管理费及其他				
24	新市场开拓				
25	ISO资格投资				
26	出售库存/企业间交易(随时)				
27	应收款贴现(随时)				
28	缴纳违约订单罚款				
29	支付设备维护费				
30	季末收入合计				
31	季末支出合计				
32	季末数额对账(8)+(30)−(31)				
33	计提折旧				
34	结账				

在每年的新年度规划会议中，企业各管理人员提出自己的想法，财务总监进行现金的预算，填写现金预算表，预算这一年中资金是否可以保证不断流，以便确定如何投资、交货的先后顺序等。最后根据预算现金状况，CEO 联同小组成员确定最终运营方案。

现金预算表

项目	1	2	3	4
期初库存现金				
市场广告投入				
支付应付税				
支付长贷利息				
支付短贷利息/到期短贷				
原材料采购支付现金				
购买/租用厂房支付现金				
生产线投资				
转产费用				
工人工资				
收到现金前的所有支出				
应收款到期				
产品研发现金支出				
新市场开拓/ISO 资格投资				
支付设备维护费				
计提折旧				
新市场/ISO 资格换证				
其他				
库存现金余额				

要点记录：

第一季度：_____

第二季度：_____

第三季度：_____

第四季度：_____

年度总结：_____

订单登记表用于记录本年取得的客户订单。参加完每年的订单会后，营销总监负责填写订单登记表，以便于生产、查询及财务总监做账。

订单登记表

订单号										合计
市场										
产品										

(续表)

数量										
账期										
销售额										
成本										
毛利										
违约金										

综合管理费用明细表用于记录企业日常运营过程中发生的各项费用。年末，财务总监需编制利润表以便核算企业当年的经营成果。

第　　年财务报表

综合费用表

项目名称	金额
管理费	
广告费	
维修费	
租金	
转产费	
市场准入开拓	
ISO资格认证	
产品研发	
其他	
合计	

利润表

项目名称	上年数	本年数
销售收入		
直接成本		
毛利		
综合费用		
折旧前利润		
折旧		
支付利息前利润		
财务支出(-)/收入(+)		
其他收入(+)/支出(-)		
税前利润		
所得税		
净利润		

资产负债表

资产	上年数	本年数	负债和所有者权益	上年数	本年数
流动资产：			负债：		
现金			长期借款		
应收款			短期借款		
在制品			应付账款		
成品			应交税费		
原料			一年到期长债		
流动资产合计			负债合计		

(续表)

资产	上年数	本年数	负债和所有者权益	上年数	本年数
固定资产:			所有者权益合计:		
土地和建筑			股东资本		
机器与设备			利润留存		
在建工程			年度净利		
固定资产合计			所有者权益合计		
资产合计			负债和所有者权益合计		

第　　年经营记录表

请按顺序执行下列各项操作。各总监在方格中填写原材料采购/在制品/产品出库及入库情况。其中，入库数量为"+"，出库数量为"-"。季末入库合计为"+"数据相加，季末出库合计为"-"数据相加。

序号	手工操作流程	1季度	2季度	3季度	4季度
1	新年度规划会议				
2	广告投放				
3	参加订货会选订单/登记订单				
4	支付应付税(25%)				
5	支付长贷利息				
6	更新长期贷款/长期贷款还款				
7	申请长期贷款				
8	季初盘点(请填余额)				
9	更新短期贷款/短期贷款还本付息				
10	申请短期贷款				
11	更新应付款/归还应付款				
12	原材料入库/更新原料订单				
13	下原料订单				
14	购买/(租用)厂房				
15	更新生产/完工入库				
16	新建/在建/转产/变卖生产线				
17	紧急采购(随时进行)				
18	开始下一批生产				
19	更新应收款/应收款收现				
20	按订单交货				
21	厂房出售(自动转租)				
22	产品研发投资				

(续表)

序号	手工操作流程	1季度	2季度	3季度	4季度
23	支付管理费及其他				
24	新市场开拓				
25	ISO资格投资				
26	出售库存/企业间交易(随时)				
27	应收款贴现(随时)				
28	缴纳违约订单罚款				
29	支付设备维护费				
30	季末收入合计				
31	季末支出合计				
32	季末数额对账(8)+(30)-(31)				
33	计提折旧				
34	结账				

在每年的新年度规划会议中，企业各管理人员提出自己的想法，财务总监进行现金的预算，填写现金预算表，预算这一年中资金是否可以保证不断流，以便确定如何投资、交货的先后顺序等。最后根据预算现金状况，CEO联同小组成员确定最终运营方案。

现金预算表

项目	1	2	3	4
期初库存现金				
市场广告投入				
支付应付税				
支付长贷利息				
支付短贷利息/到期短贷				
原材料采购支付现金				
购买/租用厂房支付现金				
生产线投资				
转产费用				
工人工资				
收到现金前的所有支出				
应收款到期				
产品研发现金支出				
新市场开拓/ISO资格投资				
支付设备维护费				
计提折旧				
新市场/ISO资格换证				
其他				
库存现金余额				

要点记录：
第一季度：_____
第二季度：_____
第三季度：_____
第四季度：_____
年度总结：_____

订单登记表用于记录本年取得的客户订单。参加完每年的订单会后，营销总监负责填写订单登记表，以便于生产、查询及财务总监做账。

订单登记表

订单号									合计
市场									
产品									
数量									
账期									
销售额									
成本									
毛利									
违约金									

综合管理费用明细表用于记录企业日常运营过程中发生的各项费用。年末，财务总监需编制利润表以便核算企业当年的经营成果。

第　　年财务报表

综合费用表

项目名称	金额
管理费	
广告费	
维修费	
租金	
转产费	
市场准入开拓	
ISO 资格认证	
产品研发	
其他	
合计	

利润表

项目名称	上年数	本年数
销售收入		
直接成本		
毛利		
综合费用		
折旧前利润		
折旧		
支付利息前利润		
财务支出(-)/收入(+)		
其他收入(+)/支出(-)		
税前利润		
所得税		
净利润		

资产负债表

资产	上年数	本年数	负债和所有者权益	上年数	本年数
流动资产：			负债：		
现金			长期借款		
应收款			短期借款		
在制品			应付账款		
成品			应交税费		
原料			一年到期长债		
流动资产合计			负债合计		
固定资产：			所有者权益合计：		
土地和建筑			股东资本		
机器与设备			利润留存		
在建工程			年度净利		
固定资产合计			所有者权益合计		
资产合计			负债和所有者权益合计		

第　　年经营记录表

请按顺序执行下列各项操作。各总监在方格中填写原材料采购/在制品/产品出库及入库情况。其中：入库数量为"+"，出库数量为"-"。季末入库合计为"+"数据相加，季末出库合计为"-"数据相加。

序号	手工操作流程	1季度	2季度	3季度	4季度
1	新年度规划会议				
2	广告投放				
3	参加订货会选订单/登记订单				
4	支付应付税(25%)				
5	支付长贷利息				
6	更新长期贷款/长期贷款还款				
7	申请长期贷款				
8	季初盘点(请填余额)				
9	更新短期贷款/短期贷款还本付息				
10	申请短期贷款				
11	更新应付款/归还应付款				
12	原材料入库/更新原料订单				
13	下原料订单				
14	购买/(租用)厂房				

(续表)

序号	手工操作流程	1季度	2季度	3季度	4季度
15	更新生产/完工入库				
16	新建/在建/转产/变卖生产线				
17	紧急采购(随时进行)				
18	开始下一批生产				
19	更新应收款/应收款收现				
20	按订单交货				
21	厂房出售(自动转租)				
22	产品研发投资				
23	支付管理费及其他				
24	新市场开拓				
25	ISO资格投资				
26	出售库存/企业间交易(随时)				
27	应收款贴现(随时)				
28	缴纳违约订单罚款				
29	支付设备维护费				
30	季末收入合计				
31	季末支出合计				
32	季末数额对账(8)+(30)-(31)				
33	计提折旧				
34	结账				

在每年的新年度规划会议中，企业各管理人员提出自己的想法，财务总监进行现金的预算，填写现金预算表，预算这一年中资金是否可以保证不断流，以便确定如何投资、交货的先后顺序等。最后根据预算现金状况，CEO联同小组成员确定最终运营方案。

现金预算表

项目	1	2	3	4
期初库存现金				
市场广告投入				
支付应付税				
支付长贷利息				
支付短贷利息/到期短贷				
原材料采购支付现金				
购买/租用厂房支付现金				
生产线投资				

(续表)

项目	1	2	3	4
转产费用				
工人工资				
收到现金前的所有支出				
应收款到期				
产品研发现金支出				
新市场开拓/ISO 资格投资				
支付设备维护费				
计提折旧				
新市场/ISO 资格换证				
其他				
库存现金余额				

要点记录：

第一季度：_____

第二季度：_____

第三季度：_____

第四季度：_____

年度总结：_____

订单登记表用于记录本年取得的客户订单。参加完每年的订单会后，营销总监负责填写订单登记表，以便于生产、查询及财务总监做账。

订单登记表

订单号									合计
市场									
产品									
数量									
账期									
销售额									
成本									
毛利									
违约金									

综合管理费用明细表用于记录企业日常运营过程中发生的各项费用。年末，财务总监需编制利润表以便核算企业当年的经营成果。

第　　年财务报表

综合费用表

项目名称	金额
管理费	
广告费	
维修费	
租金	
转产费	
市场准入开拓	
ISO 资格认证	
产品研发	
其他	
合计	

利润表

项目名称	上年数	本年数
销售收入		
直接成本		
毛利		
综合费用		
折旧前利润		
折旧		
支付利息前利润		
财务支出(-)/收入(+)		
其他收入(+)/支出(-)		
税前利润		
所得税		
净利润		

资产负债表

资产	上年数	本年数	负债和所有者权益	上年数	本年数
流动资产：			负债：		
现金			长期借款		
应收款			短期借款		
在制品			应付账款		
成品			应交税费		
原料			一年到期长债		
流动资产合计			负债合计		
固定资产：			所有者权益合计：		
土地和建筑			股东资本		
机器与设备			利润留存		
在建工程			年度净利		
固定资产合计			所有者权益合计		
资产合计			负债和所有者权益合计		

第　　组广告单

表(一)

第二年	本地	区域	9K	14K
P1				
P2				

(续表)

第二年	本地	区域	9K	14K
P3				
P4				
合计				

表(二)

第三年	本地	区域	国内	9K	14K
P1					
P2					
P3					
P4					
合计					

表(三)

第四年	本地	区域	国内	亚洲	9K	14K
P1						
P2						
P3						
P4						
合计						

表(四)

第五年	本地	区域	国内	亚洲	国际	9K	14K
P1							
P2							
P3							
P4							
合计							

表(五)

第六年	本地	区域	国内	亚洲	国际	9K	14K
P1							
P2							
P3							
P4							
合计							

在每年营销总监填写完订单登记表后,生产总监根据订单情况确定产品的生产,并将生产情况告之采购总监,采购总监填写"生产计划及采购计划编制表",以确定采购原材料的数量,保证产品能正常生产。

生产计划及采购计划编制举例

生产线		第1年 一季度	第1年 二季度	第1年 三季度	第1年 四季度	第2年 一季度	第2年 二季度	第2年 三季度	第2年 四季度	第3年 一季度	第3年 二季度	第3年 三季度	第3年 四季度
1 手工	产品		R1⎤ P1⎦										
	材料												
2 手工	产品	R1⎤ P1⎦			P1								
	材料												
3 手工	产品	P1⎤	P1		P1								
	材料												
4 半自动	产品						P1⎤				P2⎤	P2⎦	
	材料R1												
5	产品												
	材料												
……	产品												
	材料												
合计	产品	1P1	2P1	1P1	2P1								
	材料	2R1	1R1		1R1								

生产计划及采购计划编制(1-3年)

生产线	第1年 一季度	第1年 二季度	第1年 三季度	第1年 四季度	第2年 一季度	第2年 二季度	第2年 三季度	第2年 四季度	第3年 一季度	第3年 二季度	第3年 三季度	第3年 四季度
1 产品												
1 材料												
2 产品												
2 材料												
3 产品												
3 材料												
4 产品												
4 材料												
5 产品												
5 材料												
6 产品												
6 材料												
7 产品												
7 材料												
8 产品												
8 材料												
合计 产品												
合计 材料												

生产计划及采购计划编制(4~6年)

生产线		第4年				第5年				第6年			
		一季度	二季度	三季度	四季度	一季度	二季度	三季度	四季度	一季度	二季度	三季度	四季度
1	产品												
	材料												
2	产品												
	材料												
3	产品												
	材料												
4	产品												
	材料												
5	产品												
	材料												
6	产品												
	材料												
7	产品												
	材料												
8	产品												
	材料												
合计	产品												
	材料												

采购总监填写完"生产计划及采购计划编制表"后,应将最后确定的采购信息汇总到"采购及材料付款计划表"中。其中"订购数量"方格内填写采购原材料的数量,而"采购入库"方格内填写材料入库花费的金额。

采购及材料付款计划表

第1年	1季				2季				3季				4季			
原材料	R1	R2	R3	R4	R1	R2	R3	R4	R1	R2	R3	R4	R1	R2	R3	R4
订购数量																
采购入库																

第2年	1季				2季				3季				4季			
原材料	R1	R2	R3	R4	R1	R2	R3	R4	R1	R2	R3	R4	R1	R2	R3	R4
订购数量																
采购入库																

第3年	1季				2季				3季				4季			
原材料	R1	R2	R3	R4	R1	R2	R3	R4	R1	R2	R3	R4	R1	R2	R3	R4
订购数量																
采购入库																

第4年	1季				2季				3季				4季			
原材料	R1	R2	R3	R4	R1	R2	R3	R4	R1	R2	R3	R4	R1	R2	R3	R4
订购数量																
采购入库																

第5年	1季				2季				3季				4季			
原材料	R1	R2	R3	R4	R1	R2	R3	R4	R1	R2	R3	R4	R1	R2	R3	R4
订购数量																
采购入库																

第6年	1季				2季				3季				4季			
原材料	R1	R2	R3	R4	R1	R2	R3	R4	R1	R2	R3	R4	R1	R2	R3	R4
订购数量																
采购入库																

参 考 文 献

[1] 刘平. 用友 ERP 企业经营沙盘模拟实训手册[M]. 大连：东北财经大学出版社，2014.
[2] 王新玲. ERP 沙盘模拟学习指导书[M]. 北京：电子工业出版社，2005.
[3] 高市. ERP 沙盘实战教程[M]. 大连：东北财经大学出版社，2008.
[4] 曹剑峰. ERP 沙盘模拟实训教程[M]. 北京：经济科学出版社，2010.
[5] 何晓岚. ERP 沙盘模拟实用教程[M]. 北京：北京航空航天大学出版社，2010.
[6] 宋洪安. ERP 沙盘模拟教程[M]. 北京：电子工业出版社，2012.
[7] 程国卿，吉国力. 企业资源计划教程[M]. 北京：清华大学出版社，2008.
[8] 周菁. ERP 沙盘模拟教程[M]. 北京：北京大学出版社，2013.
[9] 薛华成. 管理信息系统[M]. 北京：机械工业出版社，2011.
[10] 刘仲英. 管理信息系统[M]. 北京：高等教育出版社，2012.